もう、きみには頼まない

安倍晋三への退場勧告

時代への警告

適菜収
Tekina Osamu

KKベストセラーズ

はじめに

今の時代、偉大な政治家など誰も求めてはいない。
社会正義が完全な形で実現されるとも考えていない。
そんなものに期待するほど、暇でもアホでもない。
むしろ、英雄待望論は危険だ。
その程度は、われわれは歴史に学んできた。
私は、政治家には必ずしも高度な能力は必要ないと思う。
政治家に必要なのは「常識」だ。

人ときちんと会話をする。

義務教育レベルの知識は押さえておく。

嘘をつかない。

行儀よく食事をする。

社会に害を及ぼすような行為は慎む。

政治家は高邁な理想を語る前に、常識人であるべきだ。

しかし、この平成の三〇年間にわたり、政治家は「改革」の名のもとに自分たちの足場を破壊することにより急速に劣化し、バカが総理大臣になり、普通ではない人たちがその周辺を固めることになった。


安倍晋三が二期六年で何をやったのか?

ひとことで言えば、国家の破壊である。

シンプルな売国である。

放送局の外資規制の撤廃、配偶者控除の撤廃、水道事業民営化を目指し、TPPを推進。ロシアにカネを貢いだ上、北方領土の主権を棚上げした。日韓基本条約を蒸し返して韓国に一〇億円を横流しし、村山談話・河野談話を踏襲。「移民政策はとらない」と大嘘をつきながら、国の形を完全に変えてしまう移民政策を推し進めた。結果、日本は世界第四位の移民大国になっている。

安倍と安倍周辺の一味は一貫して嘘をつき、社会にデマをまき散らしてきた。総裁選では、石破茂陣営に対し、徹底的な恫喝、嫌がらせが加えられた。そこまでやらなければならなかったのは、安倍三選が阻まれたら、困る人たちがいるからだ。プーチンもトランプも習近平も金正恩も、安倍三選で大笑いだろう。

ネットで安倍は「鴨葱」「歩くATM」と揶揄されていたが、結局、負けたのは日本人である。

二〇一八年九月一〇日、国際会議「東方経済フォーラム」で平和条約締結や北方領土問題について「アプローチを変えなければならない」と呼びかけた安倍に対し、プーチンは、平和条約締結後に二島の引き渡しを明記した日ソ共同宣言に言及した上で、「前提条件をつけずに年内に平和条約を締結し、すべての問題の議論を続けよう」と答えた。

え⁉

これは日本とロシアが積み重ねてきた交渉のすべてを反故にするものだ。

当然、日本のトップなら、毅然とした態度で「冗談ではない」と言わなければならない場面だった。

しかし、安倍はなぜか満面の笑顔をつくり、ヘラヘラと笑っていた。

外務省も慌てただろうが、後の祭り。バカに総理をやらせるからこういうことになるのである。

この安倍の態度が大きな問題になると、安倍は「プーチン氏の平和条約締結への意欲の表れだと捉えている」と支離滅裂な説明をはじめ、さらにはNHKの番組で、プーチンに対し、「北方領土問題を解決した上で平和条約を締結するのが日本の原則」だと直接反論したと発言。

しかし、ロシアのペスコフ大統領報道官は、それを否定。ロシア国営テレビのインタビューで、「プーチン大統領が前提条件なしの年内の日本との平和条約締結を安倍晋三首相に提案した時、安倍首相本人からは何の反応もなかった」と証言した。

要するに、ロシア政府か安倍のどちらかが、大嘘をついたということだ。

ロシア側が嘘をつく理由はない。

いつものように、安倍がその場をごまかすために嘘をついたのだ。

安倍の息がかかった日本のメディアの情報を鵜呑みにする人々と違い、国際的には安倍は利用しがいのある「ホラ吹き」とみられている。

沖縄沖で米軍嘉手納基地所属のF15戦闘機が墜落。これに関し、安倍は国会で「（飛行）中止を申し出た」（二〇一八年六月二五日）と述べたが、これも真っ赤な嘘だった。

こうした安倍の言動を、トランプやプーチンがどのように観察しているかである。

弱者を叩き、強者に媚びる。国内では女性議員に対しキャンキャン吠える一方、トランプやプーチンには全力で尻尾を振る。

プーチンがわざと会談に遅刻しても、安倍は満面の笑みを浮かべ、女の子走りですり寄っていく。目の前でひっくりかえって腹を見せる。もちろん、上納金も忘れない。

もはや、売国奴ですらない。

国土に熨斗をつけて献上するのだから、献国奴である。

要するに、メンタリティーが犬。箸が持てず、犬食いなのもそれが理由だろう。

安倍が北方領土を放り投げようが、沖縄県民を敵対視しようが、いまさら驚かないが、こんな絵にかいたような国賊を支持する日本人がいることが、本当に恥ずかしい。これは第二の敗戦だ。結局、日本人は反省しなかったのである。

テレビ番組に出演した安倍は、加計学園理事長の加計孝太郎とゴルフや会食を重ねていたことについて、キャスターの星浩から「学生時代の友達でも、金融庁幹部とメガバンクの頭取はゴルフをしてはいけない（だろう）」と追及されると、安倍は「星さん、ゴルフに偏見を持っておられると思う。いまオリンピックの種目になっている。ゴルフが駄目で、テニスはいいのか、将棋はいいのか」と言い出した。

ここまでくると、安倍には悪意すらないのかもしれない。

われわれの社会は、究極の凡人、白痴を総理の座に担ぎあげ、六年にわたり放置してきた。

その結果が、現在の日本の惨状だ。

恥を知らない国は滅びるしかない。

では、こうした状況下において、われわれはどのように生きるべきなのか？

ひとことで言えば、手遅れである。

ここまで壊れた以上、日本に未来があるとしても、修復には数百年はかかるだろう。

それでも、目の前にあるゴミは片づけなければならない。

掃除したところで、再びゴミはたまるが、それでも掃除する。

人間の営みとはそういうものだと思う。

哲学者のハンナ・アレント（一九〇六～七五年）は、「政治は子供の遊び場ではない。

政治においては服従と支持は同じものなのだ」と言った。

バカとは戦え。

さもなければ、奴隷になるか、死ぬだけだ。

適菜 収

CONTENTS

第二章

菅野完×適菜収 緊急対談 安倍化する日本、橋下化する社会 35

第三章

没落する時代に読むべき本 67

中野剛志『日本の没落』 68

第五章

粗にして野だが卑でしかない

第一章

『新潮45』廃刊をめぐる考察

杉田原稿の余波

歴史あるノンフィクション雑誌『新潮45』が廃刊になった。私も長年にわたり愛読していたし、連載執筆陣の一人でもあった。

原因は文芸評論家を自称する小川榮太郎という男（五一歳）が描いたトンデモ記事が誌面に掲載され、社会問題になったからだ。一連の経緯を簡単に説明しておこう。『新潮45』（二〇一八年八月号）に自民党衆院議員の杉田水脈《みお》が「『ＬＧＢＴ』支援の度が過ぎる」という文章を寄稿。ＬＧＢＴとは、Lesbian（レズビアン）、Gay（ゲイ）、Bisexual（バイセクシュアル）、Transgender（トランスジェンダー）の頭文字によりつくられた言葉である。杉田の「ＬＧＢＴのために税金を使うことに賛同が得られるものでしょうか。彼ら彼女らは子どもを作らない、つまり生産性がないのです」といった部分が批判を浴びていたが、『新潮45』（二〇一八年一〇月号）は、こうした批判への回答として「そんなにおかしいか『杉田水脈』論文」と題する特集を組んだ。

批判を浴びた雑誌が反論の特集を組むことは珍しくない。また、反論により議論が深まることは社会にとっても有益だ。たとえそれが社会通念に反するものであれ、あらゆる言論は尊重されるべきだ。

しかし、今回小川が書いたのは言論ではない。作家の高橋源一郎が言うように「便所の落書き」である。だからこそ、小川を擁護する声が仲間内からもほとんど出なかったのだ。

新潮社もこの記事を問題視。新潮社の文芸書編集部は、ツイッターの公式アカウントに新潮社の創立者である佐藤義亮《さとうよしすけ》（一八七八～一九五一年）の言葉「良心に背く出版は、殺されてもせぬ事」を掲げ、小川を批判するツイートを次々とリツイートした。私が連投したツイートもリツイートしていただいた。

二〇一八年九月二一日、新潮社の佐藤隆信社長は「あまりに常識を逸脱した偏見と認識不足に満ちた表現が見受けられた」と談話を発表。九月二五日、編集体制の不備を理由に休刊（事実上の廃刊）が発表された。

社会学者の宮台真司は、「安倍晋三さんの提灯記事で知られる小川榮太郎氏の文は特にクズ」「クズにはクズと罵倒するのが正しい」と言っていた。まったくそのとおりだが、小川のような人間のクズ、社会のダニが表舞台に出てくるようになった原因と、現在のわが国の腐り果てた状況との関係を急いで明らかにする必要がある。それが『新潮45』に対するせめてもの供養になると思う。

便所の落書きは消すもの

小川が『新潮45』に書いた「政治は『生きづらさ』という主観を救えない」は、文字どおり便所の落書きである。

主張がどうこうという以前に、事実関係が間違っているし、日本語も論理展開もおかしい。本文には「LGBTという概念について私は詳細を知らないし、馬鹿らしくて詳細など知るつもりもないが、性の平等化を盾にとったポストマルクス主義の変種に違いあるまい」とあるが、要するに小川は詳細も知らず、調べもせずに原稿を書いたのだ。「詳細を知らない」のに「違いあるまい」って頭の中、どうなっているのか？

小川は『Hanada』（二〇一七年三月号）でも、電通の女子社員自殺問題について、「私はこの事件をよくは知らない。いまも、実はあまり詳しくは知らずにこれを書いている」と述べながら、故人や遺族をバッシングしていた。

小川は塾で小論文を教えていたという情報もあるが、たとえば「上田秋成の本居宣長批判について述べなさい」という問題があったとして、生徒が「本居宣長について私は詳細を知らないし、馬鹿らしくて詳細など知るつもりもないが……」と書いたら、何点つけるのか？

要するに論外。公の場所にものを書いてはいけない人間である。

小川の記事がネットで批判を浴びるようになると、ネトウヨが「文章の一部を切り取って判断するのではなく、全文を読むべきだ」と言い出したので、全文を読んだが、最初から最後までゴミだった。

論理展開も支離滅裂。冒頭で「性的嗜好など見せるものでも聞かせるものでもない」と書いておきながら、「私の性的嗜好も曝け出せば、おぞましく変態性に溢れ、倒錯的かつ異常な興奮に血走り、それどころか犯罪そのものでさえあるのかもしれない」と述べる。「夕刊フジ」（二〇一八年七月九日）には、「狂気のセクハラ概念に付き合う気など寸分もない私は、今も女性の尻を追いかけ、口説きに、夜の巷に消えようと思う」などと書いていた。それこそ小川のおぞましく変態性に溢れた性的嗜好など、「見せるものでも聞かせるものでもない」。

文章は幼稚かつ低劣。書き写すのにも吐き気を覚える。

《ＬＧＢＴの生き難さは後ろめたさ以上のものなのだというなら、ＳＭＡＧの人達もまた生きづらかろう。ＳＭＡＧとは何か。サドとマゾとお尻フェチ（Ass fetish）と痴漢（groper）を指す。私の造語だ。ふざけるなという奴がいたら許さない。ＬＧＢＴも私のような伝統保守主義者から言わせれば充分ふざけた概念だからである》

ふざけるな。こういうバカがいるから、まともな保守も同類に見られる。田舎のヤンキーでも、便所にこのレベルの落書きはしないだろう。

《満員電車に乗った時に女の匂いを嗅いだら手が自動的に動いてしまう、そういう痴漢症候群の男の困苦こそ極めて根深かろう。再犯を重ねるのはそれが制御不可能な脳由来の症状だという事を意味する。彼らの触る権利を社会は保証すべきではないのか。触られる女のショックを思えというのか。それならＬＧＢＴ様が論壇の大通りを歩いている風景は私には死ぬほどショックだ、精神的苦痛の巨額の賠償金を払ってから口を利いてくれと言っておく》

ＬＧＢＴと痴漢を並べて論じるなど、そもそも話にならない。

精神保健福祉士の斉藤章佳は、「痴漢とは被害者がいる性暴力であり、その問題と、ＬＧＢＴをめぐる議論はまったく土俵が違います」と指摘。また、痴漢を繰り返す行為は「脳由来の症状」という小川の主張も事実ではないと退けた。

《痴漢などの性暴力は、加害者が社会の中で学習して引き起こされる行動で、脳の病気ではありません。痴漢加害者は、時と場所や相手、方法を緻密に選んで痴漢行為を行います。泣き寝入りしそうな相手を選んで行動化しているんです》

《時間をかけて正しい治療教育を受けることで、痴漢を繰り返してしまう人から、痴漢をやめ続けることができる人になっていきます》

小川にも時間をかけた治療が必要なのではないか？

『新潮45』の特集が騒動になった直後、私はあらかじめ「自称文芸評論家の小川榮太郎が『言論の自由があ』とか言い出す可能性があるので、先に言っておく。『公道にクソを垂れ流す自由』なんてないんだよ。クソ野郎が。。」とツイートしておいた。

繰り返すが、どのような立場からの発言にせよ、言論の自由は守られるべきである。気に入らない記事が掲載されたからといって、出版社を批判するのも的外れだ。言論には言論で対峙しなければならない。

しかし、公衆便所の壁に「おまん◎してぇ」とか「チ◎◎舐めろ」と落書きがしてあったら、掃除係の人が拭いて消す。「おまん◎してぇ」「チ◎◎舐めろ」というのは言論ではない。落書きは、反論するものではなく、消すものである。

小川は「私の一文は便所の落書きではありません。一字一句考えぬかれたものです」と反論していたが、一字一句考えぬいて落書きしたらしい。

「窓割れ理論」をご存じだろうか。軽微な犯罪も徹底的に取り締まることで、凶悪犯罪を含めた犯罪を抑止できるとする環境犯罪学上の理論である。アメリカの犯罪学者ジョージ・ケリングが考案した。

ニューヨークでは、この理論に基づき、徹底的に地下鉄の落書きを消した結果、凶悪犯罪が激減した。

落書きを放置しておくと、社会はどんどん荒んでいくのである。

旧仮名バカ

小川榮太郎という名前を初めて聞いたのは五年くらい前のことだ。当時私は産経新聞に連載を持っていたので、『正論』や『WiLL』といった雑誌の人たちとのおつきあいもあった。こうした界隈の連中からさえ、自己評価が異常に高い変な男がいるという話が伝わってきた。宗教団体の生長の家や統一協会と関係があるという話は聞いたが、特に興味はなかった。

しかし、フェイスブックに小川が書いたオバカ文章が流れてきたりするので、注目している人もいたのだろう。くだらない床屋政談をブログに書くときでも、私は政局に関わっている暇などなく、本来なら人生で残された時間を使ってブルックナー（一八二四〜九六年）の研究をしなければならないはずなのだが……みたいなフリをいちいちつけるので、それが一部で笑いものになっていた。

幼稚な文章を旧仮名遣いと、過去の偉人の名前で飾り立てるので、どうしてもこじらせた中学生が書いたポエムのようなものになる。恥かしくて正視できる文章ではないが、そこからわかるのは自分が大好きということだ。自分のことが好きで好きでたまらない。それで鼻息も荒くなっていく。

小川の便所の落書きに注目が集まった理由も、書いていることの痛々しさ以上に、本人がそれを「高尚な文章」だと思い込んでいるところが痛々しいからだろう。

小川の旧仮名遣いの文章を現代仮名遣いに直すと、小学生レベルの文章だったという話を数年前に某雑誌の編集者から聞いて大笑いしたが、出版業界でも、小川がいつかなにかをやらかすのではないかと思われていたようだ。

小川は二〇一七年にフジサンケイグループが主催する「正論新風賞」を三浦瑠麗と一緒に受賞している。その理由は「国語の空虚化や文学の衰退など日本人の核となる精神の喪失が最も深刻な危機と訴える姿勢」が評価されたからだという。

ちなみにイスラム研究者で、東京大学先端科学技術研究センター准教授の池内恵によると、売れ筋の国際政治学者たちに「『正論新風賞くれる』って言われたらどうします？」と聞くと、皆が嫌な顔をしたそうな。池内は今回の件についても「正論新風賞で勘違いした小物に書かせるからいけない」とツイートしていたが、日本人の核となる精神の喪失はいよいよ深刻だ。

小川は『小林秀雄の後の二十一章』なる本を出し、自分のブログで「小林秀雄の後を継ぐ評論集といふ意味です。小林秀雄が達成した高みを、思考の手続きと文体において、藝格において、継承、いや凌駕する――それを宣言した本です」と述べている。定価五九四〇円と高額だし、書店が店頭に並べるような本ではない。自費出版なのか、他の目的があるのかは知らないが、そりゃ、小林秀雄全集を出している新潮社の文芸書編集部も怒るわな。

「小物界の大物」という言葉があるが、小川の場合、「小物界の自称大物」。小物界においてですら、自称でしかない。安倍のヨイショ本をアルバイトで書いたら大金が入ってきたので、のぼせあがってしまい、自分を「伝統保守主義者」「文豪」と思い込むようになった。普段は『正論』『WiLL』『Hanada』といった特殊な雑誌に妄想を連ねていたので、特に問題になることはなかった。『ムー』の記事に対し、「地底人などいるはずがない」などと批判する奴はいないだろう。

しかし、今回は『新潮45』という一般誌にひょっこり登場したので、当然問題になったというだけの話。それで最終的にワイドショーでも報道され、お茶の間にもバカがばれた。あの手の連中の正体が世の中に伝わったという点においては、今回の件も意味がないとは言い切れない。

日本語が苦手な自称文芸評論家

『新潮45』廃刊をめぐる騒動の過程で、小川が自分の本のことを「拝著」と書いていたことが話題になった。「拙著」を「ハイチョ」と読んでいたようだが、この話がネットで広がると、小川の「秘書」がコメントを出した。

《（秘書投稿）びっくりです（笑）5ヶ月前の私の誤字を茶化すツイートが散見されます。何をどう間違えてああなったのか自分でもさっぱりわかりませんが、せっかくですので、皆さんに気晴らしして頂けたら幸いです。小川と違って私は吠えませんので、安心して安全地帯から思う存分罵りましょう》

「どうせ本人だろ」とネットではツッコまれていたが、読み間違いに基づくものなので「誤字」でも打ち間違いでもない。小川は「秘書」が間違ったという設定にしたいらしいが、秘書が投稿したなら「拙著」になるはずもない。それとも、小川の本は「秘書」が書いているのか？

要するに、捏造体質。生き恥を晒すとはこういうことだろう。

小川は今回の件について毎日新聞からコメントを求められたが、それが掲載されなかったと怒っていた。

そのコメントは以下のようなもの。

《署名原稿に出版社が独断で陳謝コメントを出すなど言語道断。マイノリティーなるイデオロギー的立場に拝跪するなど文学でも何でもない。イデオロギーや同調圧力に個の言葉で立ち向かい人間の悪、業を忌憚なく検討する事も文学の機能だ。新潮社よ、「同調圧力に乾杯、全体主義よこんにちは」などという墓碑銘を自ら書くなかれ》

こんな文章が全国紙に載るわけがないだろう。とりあえず意味不明だし。「マイノリティーなるイデオロギー的立場に拝跪」って何？

その後、小川は大方の予想どおり、陰謀論を唱えだした。

小川によると、『新潮45』の廃刊は「尋常ではない圧力を想定しない限り説明がつかない」のであり、「発売初日から、ツイッターの組織戦で小論の完全な誤読による悪罵を大量に流布された」とのこと。「全く異常な話ではないか」と言うが、異常なのは自分であることに気付いていていない。

小川によると、自分の文章は「悪意があるか不注意か無能な読者でない限り、誤読しようがない」が、「本質的な拙論のストーリー」を理解した上での批判は「ただの一人も」いないそうな。

誤読しようがない文章を誰もが誤読したというのも奇妙な話である。

小川の親友である「洗脳、プロパガンダの専門家」が、今回の件は「司令塔なしに不可能なレベル」だと連絡をとってきたとのこと。小川は「司令塔」という言葉をよく使うので、この「親友」が実在するのかしないのかは不明だが、要するに誰かが命令を出して、小川批判を書かせているというのだ。

小川は言う。

《早急に必要なのは、この事実上廃刊に至る新潮社の不可解な動きの裏で、社内外で連携した何らかの組織動員的な圧力、スキャンダル圧力などが新潮社執行部にかけられていなかったどうかの真相究明だ》

小川が「条件反射する言論人」として名前を挙げた竹下郁子、平野啓一郎、星野智幸、津田大介、武田砂鉄、池内恵、荻上チキ、岩永直子、高橋源一郎、村山由佳、中野晃一、青山ゆみこ、岩上安身といった人たちも、その「司令塔」とやらに命令されたんですかね？

少なくとも私のところには「司令塔」からの電波は届いていない。

そのうち、宇宙人の悪だくみとか、人工地震とか言い出しかねない。

結局、カルトは陰謀論に行き着くのだ。

出版界のモラルの低下

新聞や雑誌に載る文章と便所の落書きの一番の違いは、編集者や校閲のチェックが入っているかどうかだろう。

大手出版社の本が売れるのは、最低限の品質が確保されているという信頼があるからだ。

しかし、最近の傾向だが、極端に頭が悪い人たち、ネトウヨのブロガー、デマゴーグの類が、言論界に入ってきてしまった。出版不況が続く中、ビジネスと割り切り、モラルを完全に投げ捨てる編集者も増えた。

宗教団体の教祖の本が売れるのは、教団が大量に買い上げたり、信者が組織的に紀伊國屋新宿本店や八重洲ブックセンターで購入することで、新聞の書評欄の売れ筋ランキングに載ったりするからだ。その本の広告を打つこと自体が、教団の宣伝にもなる。

小川がこれまで書いてきた安倍のヨイショ本も同じ構造である。

党が組織的に本を買い上げる。そしてその資金で大きく広告を打つ。

それこそ「窓割れ理論」である。

自分で原稿を書かないどころか、ゲラのチェックさえまともにしない外国人弁護士などに記事を書かせているうちに、『正論』『WiLL』『Hanada』といった特殊な雑誌でしか通用しないライターが一般誌にまぎれ込むようになった。

『徹底検証「森友・加計事件」朝日新聞による戦後最大級の報道犯罪』という小川の本がある。

「加計学園問題は更にひどい。全編仕掛けと捏造で意図的に作り出された虚報である」「今回は朝日新聞が明確に司令塔の役割を演じ、全てを手の内に入れながら、確信をもって誤報、虚報の山を築き続けてゆく」などと鼻息が荒いが、朝日新聞に逐一反論されていた。本文には「現時点では取材拒否が多く」とあるが、朝日新聞は「弊社の取材窓口にはもちろん、弊社の取材班にも、貴殿からの取材申し入れはこれまで一度もありません」と反論。

これも「司令塔」による陰謀論の類だ。

ではなぜこんな本が出てしまったのか？

《11月17日ごろ、自民党所属の国会議員のもとに、差出人が「自由民主党」とだけ書かれた書面と一緒に〝ある本〟が届いたんです。各都道府県にある自民党の支部連合会にも、段ボールに詰めて100部ずつ送られてきました（自民党ベテラン秘書）》《党が全部で5000部以上購入したようです。一緒に送付されてきた書面には「ご一読いただき、『森友・加計問題』が安倍総理と無関係であるという真相の普及、安倍総理への疑惑払拭にご尽力賜りたい」という旨が記されていた》（『FRIDAY』二〇一七年一一月二四日）

要するに、そういうビジネス。

小川は「朝日新聞よ、恥を知りなさい」と言うが、恥知らずはお前だろう。

『新潮45』廃刊問題の本質

『新潮45』で漫画『プリニウス』を連載していたヤマザキマリは、こうツイートしていた。

《新潮45がいくら休刊になっても、この顛末の火種となった文章を書いたひとたちが今までと変わりなく、あのような考え方を懲りずにどこかで晒していくのだろうかと思うと、連載掲載の場が失われたことよりも、それがなにより残念だ》

この言葉に尽きるだろう。

小川は反省のかけらもなく、デタラメな陰謀論を繰り返している。「私を非難した新潮社とリベラル諸氏へ」という記事（『iRONNA』二〇一八年九月二八日）には、変な日本語でいろいろ書いてあったが、一行にまとめると「オレは悪くない」。ネットには自分を擁護してくれる声があるのに、自分を責めるのは「恐ろしく傲慢な事」だって。

小川の妄想は止まらない。

《それにしても、なぜここまで事は急激に運ばれたのか》

《あの森友・加計学園問題を報じた朝日新聞による倒閣運動を日本社会は放置した。保守政権叩きでさえあれば、ファクトなど今の日本の大手メディアはもはやどうでもいいとの不文律が、これで出来てしまったと言える》

《朝日新聞と新潮社の「あまりに常識を逸脱した」行動で、日本社会はファクトもオピニオンの公平な提供も、全く責務として引き受けようとしない大手メディアによって、完全に覆われることになった》

《日本は平成30年9月25日をもって、「言論ファッショ社会」に突入したという事にならぬかどうか——。実に厳しい局面に日本の自由は立たされている》

実に厳しい局面に立たされているのは小川だろう。

もっとも、このようなおかしな人間はどこにでもいる。

問題は、特集を書いたライターの選択だ。特に、安倍のヨイショ本くらいしか書いたことのない経歴も怪しい自称文芸評論家に記事を書かせたことが致命傷となった。

そういう意味では『新潮45』の若杉良作編集長の罪は重い。

私は長年にわたり若杉編集長と一緒に仕事をしてきた。

二〇一五年の大阪「都構想」の住民投票の際も、泊りがけで取材した。

彼は最後の最後まで熱心に動き回っていた。

信頼できる真面目な編集者だと思っていた。

しかし、二〇一八年になってから急に誌面が変わり、極端なネトウヨ路線になってしまった。

政権批判が多かった私の連載「だからあれほど言ったのに」も終了した。

二〇一八年になってからは、二度くらい一緒に酒を飲んで、「きちんとした右翼に原稿を依頼するならともかく、論外のネトウヨに記事を書かせたら、新潮社の名前を汚すことにな

ります よ」「引き返すなら今ですよ」と伝えた。

そのときの彼の返事は明かさないが、がっかりして自宅に戻ったのを覚えている。

社会が甘く見たり、面白がったりしているうちに、オウム真理教は拡大していった。

変に物わかりがよくなってしまった人たちが、オウムの施設を追い出そうとする地元住民に対して、宗教弾圧だとか、オウムにも権利があると言い出した。小川が嫌う「人権思想」が、社会のダニを排除できない状況を生み出している部分もある。

しかし、出版業界は今回の『新潮45』の廃刊で気付いたのではないか？

便所の落書きを放置しておくと、自分たちのクビを絞める結果になると。

小川およびその周辺にいるいかがわしい連中に対し、出版業界は毅然とした対応をとるべきだ。今、日本にとって一番大切なことは、連中を逃げ切らせないことである。そして、その所業をすべて暴き出すことだ。

第二章

菅野完×適菜収 **緊急対談**

安倍化する日本、橋下化する社会

菅野 完

（すがの・たもつ）

ジャーナリスト。一九七四年、奈良県生まれ。サラリーマンのかたわら執筆活動を開始。二〇一五年に退職し、「ハーバービジネスオンライン」にて日本会議の淵源を探る「草の根保守の蠢動」を連載。同連載をまとめた『日本会議の研究』（扶桑社新書）が第一回大宅壮一メモリアル日本ノンフィクション大賞読者賞を受賞。『週刊ＳＰＡ！』にて「なんでこんなにアホなのか？」を連載中。

横山ノックの深慮遠謀

適菜　哲学者のフリードリヒ・ヴィルヘルム・ニーチェ（一八四四〜一九〇〇年）が師にあたるリヒャルト・ワーグナー（一八一三〜八三年）を批判しました。ワーグナーが憎いというよりも、ワーグナーを批判することを通して、当時のドイツ文化の薄っぺらさ、虚偽性を告発したわけです。個人を一種の拡大鏡として利用したわけですね。私がこれまで橋下徹や安倍晋三といった個人について文章を書いてきたのも、現在のわが国の病がそこにはっきりと表れているからです。

だから、安倍を引きずり下ろしたところで、社会が腐っているかぎり、同じようなものが担がれるだけです。そこで、今回は一連の安倍晋三事件で活躍し、ベストセラーとなった『日本会議の研究』でも知られる菅野完《すがのたもつ》さんと、彼らの行動原理や本性について考えていきたいと思います。

私が橋下を観察して感じるのは、徹底したニヒリズムとアナーキズムです。もちろん彼は恵まれた環境で育ったとは言い難い。暴力団の家系に生まれて父親はガス管を咥えて自殺しています。差別する意図はありませんが、事実としてそうだということです。橋下はメディアの報道に対してスラップ訴訟を行いましたが、橋下の父親と叔父は暴力団組員であるとの報道は事実であると最高裁が認定しています。一審大阪地裁判決は、「実父が組員だったことは（橋下の）人格形成に影響しうる事実で、公共の利害に関わる」と指摘。二審大阪高裁も一審の判断を支持しています。

私は、日本に対する深い恨みや憎しみが、彼の行動原理になっていると思います。それが言葉の端々に出てくる。「能や狂言が好きな人は変質者」と言い、伝統芸能をすごく嫌います。文楽協会に攻撃を仕掛けたり、「昔の脚本をかたくなに守らないといけないのか」と近松門左衛門（一六五三〜一七二五年）の原作にケチをつけたり。普通の日本人は「日本的」という言葉をいい意味で使いますが、橋下はマイナスの意味で使う。そこに橋下という人間の本質が表れていると思います。

菅野　目の前にあるものを全部潰したいといった衝動だけは感じる。出てくるもの、出てくるものに、手を出してるようにしか見えなくて、なにを考えているのかは見えてこない。

適菜　日本の伝統を非常に嫌うので、当然、皇室を潰したいのでしょう。橋下はもともと大統領制を唱えていた人物です。石原慎太郎と一時期つながったのも、反皇室というキーワードが大きいと思います。石原慎太郎も皇室が大嫌いでしょう。これは私だけの意見ではなくて、京都大学の佐伯啓思さんも同じ指摘をしていました。橋下も石原も同類のアナーキストです。

菅野　東京の人には横山ノック（一九三二～二〇〇七年）のイメージが伝わりにくい。でも、大阪の演芸が好きな人からすると、横山ノックは一つのロールモデル（手本）というか、一つの理想形なんです。天才みたいなところがある。芸人としての評価はさておき、意外に思われるかもしれませんが、大阪の行財政改革では、横山ノック府政は結構な成功を収めているんですよ。芸人さんだから、人気とりばかりで行き当たりばったりといったイメージがあるかもしれませんが、それなりに真っ当な府政をやっていた。まあ、本人がムチャクチャだったので、最後はああなってしまいましたが、自分の任期の中で、なにをやるかという長期プランがあった。ノックの周りのブレーンにもそれはあった。そのあとの太田房江府政にもそれはありました。知事の思考のOSのようなものが見え隠れするんです。

しかし、橋下徹の府政、市政は、思考の部分がまったく見えない。全部、行き当たりばったり。僕のような関西人から見ると、出てきたものに飛びつくだけの野良犬にしか見えない。

僕はここ一〇年くらい維新の会の動きを見ていて、僕が気付かない深慮遠謀のようなものがあるのかもしれないと思っていた。賛成反対とは違う次元で、なにかがあるのかもしれないと。でも、適菜さんの話を聞いてると、単なるルサンチマンの反映でしかないのだと。そうであれば、とんでもないものに、大阪はムチャクチャにされてきたということになります。

プロパガンダの力

適菜 橋下は「ウソをつかないやつは人間じゃねえよ」「嘘つきは政治家と弁護士のはじまりなのっ!」とも述べていますが、これまで一貫して嘘をついてきました。公約や主張も、ほとんど撤回していますよね。大飯原発の再稼働中止も資産課税も小中学生の留年もベーシック・インカムもそうです。「評価の低い教員をクビにする」とか「市水道局を民営化する」とか、思いついたことを言っているだけ。また、民間から校長を公募して、大阪の教育をボロボロにしました。列挙すればキリがありませんが、とにかく新しい話題を打ち出しては、それが消費されたら、こっそり撤回する。いわゆる大阪「都構想」が典型です。確信犯的に嘘、デマ、プロパガンダを世の中にばらまいた。タウンミーティングなどで使うパネルのグラフの目盛りをごまかしたり、都合の悪いデータを隠したりと、やりたい放題でした。

菅野　ごまかしてますよね。

適菜　橋下のすごいところは、学者や市民団体がパネルの不正を指摘した後も、使い続けたことです。普通の人間だったら、嘘を指摘されたらひるむじゃないですか。そして、なんとかごまかそうとする。何事もなかったかのように、パネルを隠したり、ウェブサイトから削除したりする。

でも、橋下は最後の最後まで、延々と嘘をつき続けた。まさにナチスのヨーゼフ・ゲッベルス（一八九七～一九四五年）が言った……。

菅野　「嘘も百回言えば真実となる」と。

適菜　アドルフ・ヒトラー（一八八九～一九四五年）も「大衆は小さな嘘より大きな嘘の犠牲になりやすい。とりわけそれが何度も繰り返されたならば」と言っています。どれだけ嘘をついても、プロパガンダの力が勝っているかぎりそれでOKという発想なんですよ。

ああいう手法を安倍は橋下から学んだのではないかと思います。もちろん、彼らの背後には同じような連中がいるわけですが。要するに、自分たちを支持してくれる人間だけにメッセージを送ればいいと思っている。「こんな人たちに負けるわけにはいかない」という安倍の発言もありましたが、「こんな人たち」と議論して説得するよりも、マーケティングにより大衆の気分をつかみ、プロパガンダにより数を押さえたほうが手っ取り早いわけです。こうした流れは平成になってから加速しましたが、特に維新の会の出現により、急激に世の中がおかしくなりました。

菅野 橋下が最初に注目されたのは、大阪のラジオ番組です。喋りが面白いということで、大阪のテレビで使われるようになって、紳助の番組にも出るようになる。だから、偶然をうまくつかんでのし上がってきた人物であることは間違いないですね。

適菜 某雑誌の元編集長によると、橋下を取材して記事にしたとき、橋下自らが茶髪でハーレーに乗ってる写真を編集部に送り付け、さらにそれをチェックしたそうです。だから、自分のイメージにはかなり気を使っていたようです。

菅野 ただ、ナチスドイツには、ムチャクチャとはいえ、それなりの深慮遠謀がありましたよね。オカルトだし、同意するわけにはいかないけれど。僕がわからないのは、橋下はそれがないのに、なぜあんなに頑張れるのかと。ルサンチマンだけで、人間は頑張れるもんなんですかね。

適菜 ナチスには一貫したイデオロギーがありません。維新の会と同じように、個別のトピックは打ち出していくけど、論理的な整合性はない。

菅野 そうですね。

適菜 小林秀雄（一九〇二～八三年）は、ナチズムとは組織や制度ではなくて、燃え上がる欲望であり、その中核はヒトラーという人物の憎悪にあると言いましたが、ヒトラーもかなり屈折した人間でしょう。私はそれに近いような気がします。橋下の主張に一貫性がない理由も同じです。

菅野　たしかに、そこは、納得せざるを得ない。僕は人間が他人に共感できるのは、喜怒哀楽のなかで、「怒」だけだろうなと思っています。だから、怒りが共感を持つのはわかるのですが、それにしても橋下は理解しがたいんだよなあ。

適菜　それと日本人は大昔から破壊願望のようなものを持っています。不都合が発生したら、とにかく一回壊してしまって、新しいものをつくればいいと。それが安倍や橋下や小池百合子のような政治家がよく使う「リセット」という言葉に表れていると思います。社会に鬱憤やルサンチマンがたまってくると、橋下みたいな人間がそれをうまくつかみとろうとする。さらにその火にガソリンをかけて、革命を起こそうとする。今の橋下や維新の会の状況を見ると、それが成功したとはいえないのかもしれませんが、これからも社会全体で監視していかなければいけない対象だと思います。

DVとサイコパス

菅野　僕は自宅が仕事場なんで、夏休みには小学生の娘の友達が遊びに来たりして仕事場の周りが子供だらけになる。仕事してるときはケーブルテレビの「時代劇専門チャンネル」をずっと流しています。『暴れん坊将軍』や『水戸黄門』といった定番の時代劇が流れているのですが、面白いのは、頭がいい子は『大岡越前』が好きなんですよ。『大岡越前』は一回も立ち回りがなくて、カタストロフィーがないんです。一方、頭の悪い子は『暴れん坊将軍』や『遠山の金さん』といったカタストロフィーがきちんとあるのが好きなんですね。これは男女の差も関係なくて、本質的な頭のよさと関係がある。加藤剛（一九三八〜二〇一八年）のファンの小学四年生の女の子がいて、学校の成績もいいんですよ。

適菜　ほとんどの時代劇には、大立ち回りがありますよね。それで一件落着で終わるパターンです。

菅野　でもその子は、加藤剛と竹脇無我（一九四四〜二〇一一年）をじーっと見ているんですよ。

適菜　面白いなあ。

菅野　賢い子は、やっぱり、カタストロフィーのない『大岡越前』が好きなんですよね。

適菜　そこは、人間の本質的な部分と関わっているところがありますね。たとえば橋下は「政治家を志すっちゅうのは、権力欲、名誉欲の最高峰だよ」と言っていますが、本当に権力や名誉が欲しいのかというとかなり疑問です。「経済界なんてクソの役にも立たない」「オナニー新聞」といった下品な言葉遣いからしても、名誉が目的とは思えません。

世の中には「純粋な悪」としか呼べない人間が一定の割合で存在します。犯罪心理学者のロバート・D・ヘアがサイコパスのチェックリストを示しています。

◎口達者で皮相的
◎自己中心的で傲慢
◎良心の呵責や罪悪感の欠如
◎共感能力の欠如
◎ずるく、ごまかしがうまい
◎浅い感情
◎衝動的
◎行動をコントロールすることが苦手
◎興奮がないとやっていけない
◎責任感の欠如
◎幼い頃からの問題行動

◎成人してからの反社会的行動

ヘアは、サイコパスは社会の捕食者であり、生涯を通じて他人を魅惑し、操り、情け容赦なくわが道だけを行き、心を引き裂かれた人や、期待を打ち砕かれた人や、からになった財布をあとに残していくと言います。良心とか他人に対する思いやりにまったく欠けている彼らは、罪悪感も後悔の念もなく社会の規範を犯し、人の期待を裏切り、自分勝手に欲しいものを獲り、好きなように振る舞う、と。そしてサイコパスの大部分は凶悪犯ではなく、社会に溶け込んで暮らしている。また、ほとんどが男性で、政治家、弁護士、レイプ犯、詐欺師などに多いそうです。彼らは精神障害者ではなく責任能力を持つ。

私は「橋下はサイコパスだ」と主張したいのではありません。医者でもない人間が、他人の気質について軽々しく診断してはならない。それは根拠のない差別につながります。また、チェックリストを使うためには、正式な手引書に基づいた採点方法をとる必要があります。ヘアが指摘するように、われわれが行わなければならないのは、疑わしい人間の監視を続け、精神科医や専門機関に連絡をとり、被害の拡大を防ぐことです。

菅野　子だくさんの家はDVが多いんです。僕自身、その傾向があって、何年もカウンセリングを受けているのでよくわかります。

適菜　橋下は、子供の挨拶の仕方が悪ければ蹴りを入れるそうです。子供をバットで殴ったり、長時間にわたり投げ飛ばしたこともある。「口で言ってきかないなら手を出さなきゃしょうがない」と体罰を正当化する発言も残していますね。

菅野　僕にも暴力癖がありました。そのため認知行動療法を受けたのですが、僕の暴力の根源は、承認欲求でした。褒めてもらえないのが気に食わないという。子供が生まれて、妻や自分の父母の注目が子供にいくと、我慢できなくなり手を出してしまうような人が結構いるんです。僕も、若い頃の自分の暴力癖を思い出すと同じパターンで、自分が一番でないと不安になってしまう。それに気付くことができたからよかったと言うと、無責任ですが、僕が橋下のことをわからないのも、似ているからかもしれない。自分のことがわからないのと同じでね。でも、彼の場合は、終わらないと思う。必ず政治の世界に戻ってきますね。

適菜　そこが一番危ない。

利権に関するスタンスの違い

適菜　大阪都構想という呼称自体が詐欺でした。二〇一五年五月一七日の住民投票で賛成派が勝ったとしても、大阪都ができるわけがなくて、政令指定都市である大阪市が特別区に分割されるだけだった。菅野さんは、あの住民投票の目的はなんだったと思われますか？

菅野　僕は憲法改正国民投票の予行演習だと思っていました。政令指定都市規模で住民投票がやられるのはほとんどありません。あれは二〇〇七年に国民投票法ができて以降、初めての住民投票でした。住民投票は公職選挙法の対象外なので、投票所の前に運動員が並び、「賛成って書いてください」「反対って書いてください」と夜の八時まで連呼しているんですよ。一度否決された都構想をもう一度住民投票にかけようとしているのも、憲法改正の国民投票の予行演習かと。

適菜　なるほど。たしかに維新の会のバックには、官邸と安倍周辺のいかがわしい連中がいた。でも、それだけの理由ですかね？

菅野　そうでないと、費用対効果という側面で答えが出ない。維新の会も何のための住民投票か理解していないフシがあった。

適菜　大阪府と大阪市の二重行政の解消により、財源が出てくるという話も、住民投票前にすべてデタラメだと明らかになっていたわけです。

菅野　浮かないですからね。

適菜　明らかにマイナスなんです。ただ、維新の会が流用できるカネは出るわけですよね。しかも住民投票が通れば、「特別区設置協定書」に記載されていない事項の多くは、市長が勝手に決めていいことになっていました。カジノ関係の利権もあるのでしょうか？

菅野　大阪は東京よりも死んだ土地（死に地）が多いので、そこまで利権のにおいがしないんですよ。わかりやすい利権はありますが。御堂筋では発光ダイオードを木に巻き付けて、イルミネーションをやっているんです。ディズニーランドみたいで綺麗ですが、昼間に見ると、普通のイチョウの木に電線が巻き付いているだけなので汚らしい。壊れた発光ダイオードを回収する人を見ると、住之江電飾と書いてあるんですね。松井一郎の実家です。

適菜　御堂筋の電飾を始めたのは維新の会ですよね。松井の実家は笹川良一（一八九九〜一九九五年）の流れだから、住之江競艇場の照明や電気設備関係の仕事をやっていた。それで、仁徳天皇陵をイルミネーションで飾ると言い出したり。

菅野　もっとわかりやすい利権は、「経済人・大阪維新の会」という新興企業の集まりがある。そこの会長を、サラヤ（株式会社）の社長がやってるんです。大阪の公共施設はサラヤの石鹸を使っています。そういう利権のにおいはあるけど、都構想に関していうと、利権についてはよくわからないところがある。

適菜　松井と橋下では利権に関するスタンスが違いますね。

菅野　そうなんです。松井はすぐにキャッシュ化しようとする。怖いのはJRの車内の石鹸がサラヤに置き換わっていることです。安倍案件のホテルもサラヤの石鹸です。酒は獺祭《だっさい》だし、タオルは今治タオル。即物的な利権という点では、松井＝安倍なんですよ。そして、菅義偉＝橋下です。菅も橋下も行動がよくわからない。安倍と松井は頭の悪さと、下品さ、箸が持てないっていって点で共通している。同じような人間です。

適菜　基本的には田舎のヤンキーですよね。

菅野　でも、菅と橋下は違う感じがする。菅は小此木彦三郎（一九二八～九一年）の秘書で、自分の師匠は梶山静六（一九二六～二〇〇〇年）だと言っている。そこでもう屈折している。神奈川の地盤をもらっているにもかかわらず。

適菜　安倍政権があちこちから引っ張ってきてたロクでもない連中は、ほとんど菅が関わってるんですよね。渡邉美樹もそうだし。竹中平蔵とも橋下とも密接につながっている。

菅野　先ほど、橋下が大統領制を唱えていたという話がありましたが、今、大統領制を大っぴらに唱えているのは大川隆法くらいではないですか。

適菜　じゃあ、大川隆法と似たタイプなのかな、橋下は。

菅野　大川隆法も父親と兄に虐げられてきたんですよ。父と兄が生長の家にはまっていて、霊媒の実験台にされていた。一説によると、坂本龍馬（一八三六～六七年）や日蓮（一二二二～八二年）の霊を降ろしているときは、父と兄が額づくんで、それがクセになっちゃったっていう。

適菜　ははは。

島田紳助とやしきたかじん

適菜　有名な話ですが、橋下は早稲田の学生の頃、不良品の革ジャンをタダ同然で仕入れて高値で売って稼いでいた。騙されるほうが悪いんだと言って。橋下の司法修習生の同期である兵庫県明石市の泉房穂市長が、証言していますね。「橋下は破れた革ジャンをタダ同然で仕入れて一着三万円とか五万円で売って大学を卒業したと言っていた。『破れたやつを売ったらまずいやろ』と言うと『どこが悪いんですか。気付かずに買うのはお人よしや』と」（「毎日新聞」二〇一二年四月一五日）

　また、「広がる橋下ネットワーク」という自己紹介パンフレットには、実在しない公認会計士や税理士らの名前がずらりと並べられていた。同期の弁護士たちが「こんなもの配ったら懲戒請求されるぞ」と警告すると、橋下は「だって、本名書いたらバレますやん」と答えたそうです。

菅野　あの人、イソ弁（居候弁護士）、どこで、やってたんですかね。

適菜　大阪の樺島法律事務所です。その後は自分の事務所をつくって、飛田新地の料飲組合の顧問をやったり。

菅野　大阪の感覚でいえば飛田は勝ち組なんですよ。今里新地や信太山や松島の顧問弁護士をやっていたなら、本物のサバルタン（従属的社会集団）だけど。東京でいうと、大田区の蒲田の人間が「俺、下町でよお」って、調子に乗ってたら、足立区の人たちが、「ふざけんな、コノヤロー」という感じ。

適菜　なるほど。東京からはそういうのは見えませんね。

菅野　色街ということで比較すれば、飛田はヤクザががっちりと食い込んでるわけでもない。

適菜　大阪で発生した橋下人気の根源はどこにあると思いますか？

菅野　僕はやっぱり島田紳助だと思います。島田紳助的なものが許容されている。東京都民が石原慎太郎や青島幸男（一九三二〜二〇〇六年）を選んだのと同じで、端的に、テレビに出ているからという理由が大きいと思います。

適菜　私も島田紳助の影響は大きいと思っています。紳助は一時期バカブームを生み出しましたよね。クイズの答えをわざと間違えて、バカのふりをするタレントが脚光を浴びたり。そのうちに、本当にバカを許容するような空気が世の中に出てきた。それでバカブームで生まれたバカが、法律相談所に行列をつくったり。

菅野　紳助とやしきたかじん（一九四九〜二〇一四年）の存在はデカイです。ただ、東京の人が言うように、裏社会とイコールではない。東京の人は、関西というと被差別部落をすぐに想起しがちだけど、そんなことはないんですね。たしかに、「飛鳥会事件」や「ハンナン牛肉偽装事件」に象徴されるように、府政、市政が食い物にされてきたという側面はありますが、それだけではないですし。西成を仕切ってるのも山口組ではなくて、独立した一本独鈷《いっぽんどっこ》のヤクザです。大阪市庁も大阪府役所も巨大な組織なので、裏社会の容喙《ようかい》を許しつつも、全体としては府政、市政を淡々とやっていた。

適菜　大阪だけ突出して維新の会の支持率は高い。京都や奈良などの周辺の府県になると、また、違うわけですよね。やはり大阪のテレビ局が大きな役割を果たしています。

菅野　それは自民党の得票率にも影響していると思います。『そこまで言って委員会』という読売テレビ、日本テレビ系の番組がありますが、あれは東京だけ映ってないんですよ。北海道から沖縄まで全部映っているのに、東京の人間だけ見ることができない。厳密にいえば、都内でもTVKやテレビ埼玉は見れるけど。そして、視聴率は西高東低です。おそらく、調査したら、『そこまで言って委員会』の視聴率と、自民党の得票率は、相関関係があると思いますよ。

適菜　『そこまで言って委員会』は辛坊治郎が司会をやっていて、先日亡くなった津川雅彦（一九四〇～二〇一八年）や竹田恒泰、ケント・ギルバートみたいなのが出演しているネトウヨ番組ですよね。じゃあ、安倍は、恩義があるわけですね。

菅野　そうなんです。だから、東京の言論人だけが、その異様さに気づいていない。大阪の実家に帰ってテレビをつけるとうんざりしますもの。吉本の芸人が政治番組のコメンテーターをしていたり。一概にそれが悪いわけではないけど、紋切型なんですよ。「野党はバカだ」「左翼はバカだ」「沖縄は中国の手先にやられている」みたいなことを繰り返している。

適菜 それは、ほとんど、吉本ですか？

菅野 そうです。だから、会社の意思なのでしょう。

適菜 吉本の芸人が維新の会の選挙の応援に行ったり、大阪万博の招致アンバサダーにダウンタウンがなったり。

菅野 もはや大阪では吉本が行政機関みたいになってしまっている。

報道番組がなくなった

菅野 もう日本に報道番組はないんですよ。NHKの定時のニュースがあるくらいで、あとはみんな情報番組です。僕の実感からしても、テレビ局の報道を名乗る人に渡したネタが電波に乗ったためしはありません。きちんとした報道を扱う枠自体がない。一方、情報番組、つまりワイドショーに渡したネタは、だいたい電波に乗ります。おそらく、政治部や経済部の人が集めてくる情報は、とりわけ民放キー局といわれてるところでは、社内で死んでいるのだと思います。ワイドショーがダメだというわけではないけど、日本人が政治家を投票で選ぶ際の情報源は、報道番組ではない。フェイクニュースがどうこうという以前の問題で、そもそも有権者は報道ではないものを報道だと思って判断してるわけです。しかも、ワイドショーが政治ネタを扱うときは、報道のフリをするんですよ。中立公正を保つために両論併記にする。

適菜　そうですね。

菅野　でも、政治以外の話では、両論併記を放棄する。たとえば、森友問題は政治の話だから、報道のフリをして、両論併記でいく。ボクシング連盟の不祥事は、政治の話ではないので、山根明会長が悪いという話だけでいく。その仕組みをわかっていればいいのだけど、普通の視聴者は同じように扱っていると思う。だから、森友問題に対する意見も相対化されてしまう。こういうことがずっと繰り返されてきている。

適菜　報道とワイドショーの境界がなくなってきたのは三〇年くらい前からですよね。政党と広告代理店の関係は古いけど、平成に入ってから露骨にテレビ番組が政治利用されるようになった。『朝まで生テレビ!』も『ニュースステーション』も『サンデーモーニング』も『ビートたけしのTVタックル』も、テレビ朝日系です。そこで報道と娯楽の境界を崩すことが面白いという発想が広がっていった。そこで発生したのが一九九三年の椿事件です。

菅野　日本民間放送連盟の放送番組調査会の会合で、テレビ朝日の取締役報道局長だった椿貞良（一九三六～二〇一五年）が、選挙時の局の報道姿勢に関して、「小沢一郎氏のけじめをことさらに追及する必要はない。今は自民党政権の存続を絶対に阻止して、なんでもよいから反自民の連立政権を成立させる手助けになるような報道をしようではないか」「日本共産党に意見表明の機会を与えることは、かえってフェアネスではない」との方針で局内をまとめたという趣旨の発言をしてしまった。

適菜　ええ。これはテレビ朝日だけの問題ではなくて、それ以降、マーケティングを行い、メディアを利用して数を押さえれば勝ちなんだという発想が蔓延するようになった。それが今の政治の混乱の土壌になっていると思います。小選挙区制にすれば必然的にポピュリズムがはびこります。

菅野　そうならざるを得ないですからね。

適菜　広告代理店政治、マーケティング政治になっていく。

菅野　政治家に話を聞くと、中選挙区制の頃より、今の選挙のほうがはるかに楽だと言います。

適菜　当時は、自民党内でも同じ選挙区で戦っていたわけですからね。派閥の戦いもあったし、政策論争もありました。

菅野　今は下手すると、何もしなくても選挙に勝てるんですよ。敵が失敗を重ねてくれれば。それが二〇〇九年の政権交代だったのだろうし、二〇一二年の政権交代もそうだったのでしょう。自民党が失敗したから民主党が勝ったのであり、民主党が失敗したから自民党が勝ったわけで。敵失が自分の得点になるのが小選挙区の特徴です。

適菜　それでうまく風に乗ったロクでもない連中が議員になってしまう。小沢チルドレン、小泉チルドレン、安倍チルドレン……。数合わせのための要員です。

安倍晋三の女嫌い

菅野　安倍の初当選は一九九三年です。つまり、細川護熙の日本新党が注目され、自民党が初めて野党に転落した選挙が彼の初当選だったわけです。衛藤晟一によると、日本青年協議会や、僕が追っかけている日本会議の連中が安倍に注目した理由は、野党転落後の自民党内で、「今回の選挙に負けたのは、世の中がリベラル化していく中で、憲法改正(自主憲法制定)という党是そのものが、人気がなくなったからではないか。だから、党是を下ろすべきではないか」という議論があったからだと。その際、安倍が「そんなはずはない」と総務会で主張したから、日本会議の連中が安倍に注目したというんです。これは栗本慎一郎と衛藤晟一と安倍晋三が出した『「保守革命」宣言——アンチ・リベラルへの選択』にある衛藤の証言ですがね。

また以前、五野井郁夫さんが書いていたことですが、安倍が最初に入った党内の勉強会が「リベラル政権を創る会」であるということも注目です。あの加藤紘一（一九三九〜二〇一六年）がやってた研究会ですよ！

要は、安倍は両面《リャンメン》リーチをかけていたのだと僕は思います。だから、安倍はその場、その場の生存戦略が、すごく巧みな人。

適菜 そうですね。これだけいろいろあってもポシャっていないわけですから。安倍は、村山富市の首班指名で村山に投票したり、散々ケチをつけていた村山談話を確定させたりもしています。

菅野 生き残ることだけに能力を使う人。

適菜 安倍は右翼でも保守でもありません。イデオロギーもない。左翼はイデオロギーを通してしか物事を判断できないので、「安倍は戦前回帰を目論む軍国主義者だ」「危険なナショナリストだ」などと頓珍漢なことを言う。

菅野 絶対、そうじゃない。

適菜 ナショナリストどころか、財界とアメリカに迎合して、グローバリズム路線を突き進んでいるわけです。それも確信があってやってるのではなくて、その場の空気で動いている。それで結果的に国を破壊し続けている。新自由主義に関しては、彼の場合、耳学問で吹き込まれているだけだと思われます。

菅野　ある種のラノベ作家なのであまり引用したくないんですが、司馬遼太郎（一九二三〜九六年）の小説の中に、安倍に最も近しい類型を探すことができます。司馬が描く徳川家康（一五四二〜一六一六年）に、安倍はすごく似ているんです。司馬が書く徳川家康は、生き残りのことだけを考える人なんですよ。

適菜　なるほど。

菅野　『覇王の家』という小説に登場する家康を司馬は薬マニアとして描きます。イモリの黒焼きを食ったり、自分で漢方薬を調合したりと。また、閨《ねや》に入れる女は、年増ばかりだとか。若い女だと疲れると。後室に迎えるのは、経産婦《けいさんぷ》ばかり。確実に子供が産めるからだと。生き残ることしか考えてなくて、気付いたら、天下が自分のところにあった。それで、手に入れたものを離したくないから、早々と引退して、自分の息子に代を譲って、そのあとは薬ばかり飲んでいるという。安倍はそれに近いと思います。お腹が痛くなり、二〇〇七年に辞めているわけですけど、あれもほかの原因があると思う。政治的になにかがあり、決定的に自分が死ぬという選択を避けたんだと思います。

適菜　安倍は政治家としての能力はなかったが、世の中をごまかしながら生き延びる才覚だけはあった。安倍は子供の頃から嘘つきだったそうです。勉強もまったくしないまま大人になってしまった。それでもなんとかなってきたので、その万能感が安倍の人格を形成していると思います。

菅野　首相動静を見ていて面白いのは、最近は警察官僚としか会ってないんですよ。北村滋とか。それこそ、漫画や講談の世界に出てくる家康と同じです。戦争の前に、謀略に次ぐ謀略で、敵の力を徹底的に削いでおくみたいな。もうね、安倍の行動は漫画です。

適菜　最近、売れている自己啓発本は、「生き延びる哲学」とか「生き延びる戦術」といった類のものが多いでしょう。たしかにそういう時代状況でもある。人生に目的があると素朴に信じることができるわけでもないし、世の中はどんどん地盤沈下を起こしている。その処方箋もないから、とりあえず「生き延びる」ということになる。

菅野　「森友事件」のときに、ある心理学者と対談したのですが、彼女は面白いことを言っていました。「国会での安倍晋三の答弁を見ると、冷静な精神状態がずっと続いている」と。でも、「安倍昭恵」という言葉が出ると激昂する。それは昭恵だけは彼にとってアンコントローラブルだから。生き残り戦術しか考えていない人にとっては、コントロールできないものは不安でしかないのでしょう。だから排除したいのだけど、離婚するわけにもいかない。

適菜　私も安倍の国会答弁を見ていて気付いたのですが、昭恵だけではなくて、「女」というキーワードが出ると激昂します。同じことを言われても、相手が女性議員だと激昂しますよね。

菅野　それはミソジニー（女嫌い）という側面もあるのでしょうが、彼の最大のウィークポイントが昭恵なんだろうと。その心理学者の話を聞きながら思ったのは、菅義偉や北村滋といったいわゆる官房を使って、あらゆることをコントロールできる立場にいるんだけど、家のことだけはコントロールできない。

適菜　それはすごくよくわかります。逆に、自分がコントロールできる女は、大好きなんですよ。稲田朋美とか杉田水脈とか丸川珠代とか。で、コントロールできない女は大嫌い。辻元清美とか山尾志桜里とか、出てくるだけで鼻息が荒くなる。だから、わかりやすいといえばわかりやすい。

根拠のない万能感

菅野　司馬遼太郎には大衆小説家として優秀なところがあります。通説によると、家康は織田信長（一五三四〜八二年）の命令によって、正室を殺されているんですよ。築山殿《つきやまどの》（一五四二〜七九年）

と息子の信康（一五五九〜七九年）は、裏切って武田信玄（一五二一〜七三年）側についたのではないかと濡れ衣を着せられて処刑されたという通説です。ラノベ作家として司馬はこの通説を見事に処理しています。司馬は家康は悲しむのではなく半ば安心したのだと書くんですな。信長という抗いがたい上位者によって、自分でコントロールできない妻を殺してもらったという安堵を家康は得たと。

適菜　面白すぎますね。

菅野　だから、信長という上位者のいない家康としての安倍晋三を見ると、自分の築山殿を殺せないんですよ。

適菜　この対談、安倍が読んだら怒るでしょうね。

菅野　家康は息子も殺されたし、信長に対する複雑な思いもある。とはいえ、築山殿という今川家の人質時代に娶《めと》らされた正室、ずっと上から自分を見下ろすような女が死んだ。楽になったという喜びと、後継者たる息子が死んだという悲しみがないまぜになった状態で、感謝と憎悪の気持ちで信長を見続ける。そういう存在が安倍の周辺にいたら、もっと楽に政権運営ができたと思います。『覇王の家』は小説だし、それが史実だとも思っていませんが。司馬が書く家康を見てると、本当に安倍は小心者で、オロオロしてて、行き当たりばったりで……。

適菜　目も泳いでいるし、まともな議論もできない。公式サイトに「南カリフォルニア大学政治学科に2年間留学」と嘘を書いていたくらいだから、コンプレックスはあるのでしょうが。政治が劣化する中、不幸が重なり、総理大臣にまで上り詰めてしまった。菅野さんが人を見立てるというか、本質のようなものを見抜くときは、どのようなことを心掛けていらっしゃるのでしょうか？

菅野　僕は根本的に人間に対する不信感があるんです。どこまでいっても、最後まで「わかんねえ」というところがある。どんなに仲良くなろうが、親子であろうが、相手のことなんて、絶対にわかんねえという諦観があるんです。だからこそ、「この人、何を考えているんだろうなあ」というのは、逆に、興味があるんです。

適菜　三島由紀夫（一九二五〜七〇年）が「東大を動物園にしろ」という文章を残しています。青年は人間性の本当の恐しさを知らないと。そもそも市民の自覚は、自分の中にある人間性、他人の中にある人間性への恐怖から始まるのであり、それこそが市民社会をつくっているのだと。人間に対する根本的な不信感があるからこそ、法律といったもので、互いの手を縛り合うのだと。

菅野　結局、ボツになった企画ですが、以前、七二歳のデリヘル嬢を取材していたんですよ。彼女は旦那さんが亡くなった後、六八歳でデリヘルデビューして、四二歳の男と同棲している。高齢者デリヘルとして引っ張りだこで、すごく儲けているんですよ。最初、その話を聞いて、会いに行ったときは、すごく複雑な少女時代を過ごしてきた人だと思ったんです。

適菜　普通はそう思いますよね。

菅野　でも、中流階級の出身で、旦那も普通の年収で、幸せな結婚生活で、息子、娘も立派に成人していた。その人が「六八歳でもできる」と言われたというだけの理由で、デリヘル嬢になり、一日三人くらいの客を取り、僕よりも年下の男性と同棲しているんです。最初、僕は、この人は屈折したものがあるはずだと思って、その屈折を見てやろうと思っていたのですが、それがまったくない。ないということに気付いてから、僕はその人にのめり込んでしまったんですね。普通の人すぎるんで。結局、この人がどういう人か、どこまでいってもわからないから。

適菜　なるほど。わからないから興味がわく。わかっていれば取材する意味もない。

菅野　でも、それを文章にして「普通の人です」とは書きにくい。ＳＥＸの描写、書くわけにいかないじゃないですか。見れないですし、見たくもないですし。少女時代や結婚式の写真も見たけど、幸せそうなんですよ。本人はＳＥＸが好きというわけでもないし、自分の時間を有効に活用して、時給を最大限にするには、この仕事だったという話。いい年金を旦那のおかげで貰ってるし、経済的にも問題がないんですよ。普通の物書きならすぐに放り出すネタなのだろうけど、僕はそれがたまらなく面白いんです。

適菜　それは先ほどの話とつながる気がします。橋下と違って安倍には悪意すらないのかもしれない。

菅野　安倍も普通のおっさんなんですよ。

適菜　オルテガ・イ・ガセット（一八八三〜一九五五年）が、良家の御曹子は家庭内においては、いっさいのものが、大罪までもが最終的にはなんの罰も受けずに終わってしまうと指摘しています。家庭という境界内は比較的不自然なもので、社会や街中でやったらただではすまないような行為の多くが許されると。この「慢心しきったお坊ちゃん」は、家の外でも家の内と同じように振る舞うことができると考えている人間であり、致命的で、取り返しがつかず、取り消し得ないようなものは何もないと信じている人間である。だからこそ、自分の好き勝手に振る舞えると信じているのであると。まさに安倍の狂気と重なります。

菅野　中身はスカスカの普通のおっさんだけど、ではなぜ強大な権力を握り得たのか。どんな男にも普通のおっさんの要素はあるわけで、女性が総理大臣になっても普通のおばさんの要素はある。しかし、普通のおっさん以上に普通のおっさんである小心者の安倍が、総理大臣になったときに、なぜこんな権力の発露の仕方になるのかという論点は「安倍晋三」という主語を外して考えなければいけない問題だと思います。

適菜　おっしゃるとおりです。アレントが書いた『イェルサレムのアイヒマン』は、アウシュビッツ収容所元所長のアドルフ・アイヒマン（一九〇六〜六二年）は普通の人だったという話ですよね。主婦がポテトチップスを食べながらワイドショーを見ているだけで、ジェノサイドにつながる可能性があるのが現代です。普通の人たちが、巨悪に加担してしまうのが全体主義です。左翼はどこかに悪の根源があると想定しがちですが、むしろ左翼が大好きな「民意」、空気に流された「世論」が現代の悪を生み出しています。大阪の住民投票だって、約半数が賛成票を入れたわけです。安倍と橋下に共通するところがあるとすれば、イデオロギーがないことです。イデオロギーもどきのものはありますけど。だから、形としては大衆運動になるわけです。

菅野　そうですね。

適菜　逆に言えば、彼らをイデオロギーで分析してもなんの意味もない。なぜああいうものを支持する人間が一定の割合で出てくるのか。ナチスも民主主義的なワイマール憲法下で発生したわけです。むしろ、どうでもよさそうなところに解決の糸口があったりする。安倍と母親の洋子は、髪型が一緒なんですよ。「だから、どうした？」と言われても困りますが、なにかがあるはずです。それと安倍は迎え舌ですよね。箸もきちんと持つことができない。安倍は犬食いだし、お椀もきちんと持てないし、同じ日本人とは思えないほど、食べ方が汚い。そしてそれを誰からも注意されないまま大人になってしまった。親身になって助言をしてくれる人との人間関係を築くことができなかったわけです。要するに、安倍の箸遣いはわが国の伝統や歴史、文化に対する姿勢を示しているのです。

だから、菅野さんのように司馬遼太郎のラノベを引用しながら、対象の内面を考察するという手法は今後ますます重要になってくると思います。

菅野　ただでさえ人前で司馬遼太郎の話をするのは恥ずかしいのに。それに僕、司馬さん、好きでもなんでもないのに。

適菜　ははは。すごく、わかりやすかったです。

第三章

没落する時代に読むべき本

中野剛志『日本の没落』

オスヴァルト・シュペングラー（一八八〇〜一九三六年）は、数千年のスパンで近代西洋の立ち位置を考えた。一九一一年七月、モロッコをめぐり、ドイツ帝国とフランス共和国の間で二回目の緊迫状態が発生する。シュペングラーは『保守主義者と自由主義者』というタイトルの本を書いていたが、国家の危機に直面する中、書店に並んでいた『古代世界の没落』という本にヒントを得て、『西洋の没落』というタイトルにつけかえた。

『西洋の没落』は、第一次大戦でドイツ帝国が壊滅する数カ月前に発売され、ベストセラーになった。しかし、わが国においては、ほとんど無視されたと言ってよい。翻訳も関連書も少ない。せいぜい近代的理念を否定したペシミスト、オカルトまがいの予言者として扱われるのが関の山だ。

一つの理由は、シュペングラーが扱った対象が、宇宙、動物、植物、数学、歴史、哲学、音楽、建築、絵画、彫刻、文学、宗教、政治、経済、国家、民族、戦争……とあまりに広大で、既存の学問の領域に収まらなかったからだろう。しかし、それより重要なのは、近代的学問の方法、歴史観に根底的な疑問を突きつけたからである。

評論家・中野剛志の『日本の没落』は、近代人には理解しづらいシュペングラーの視点を丁寧に追っていく。中野は冒頭で問いかける。

《西洋文化に限らず、文化というものは、いずれ「没落」する運命にある。これが、『西洋の没落』で示されたシュペングラーの歴史観であった。

一つの高度文化というものには栄枯盛衰のパターンがある。それは幼年期―青年期―壮年期―老年期という人の一生になぞらえられる。あるいは、季節が移ろうように、春―夏―秋―冬という経過を辿るものとされる。すなわち、勃興（春）―成長（夏）―成熟（秋）―衰退（冬）である。

そして西洋文化は、シュペングラーの説によれば、知性に関しては二十世紀初頭から冬の末期に入っており、音楽・絵画・建築や政治に関しては、二十一世紀頃に終末期を迎えることとなっている。つまり、我々は、西洋の没落のほぼ最末期に生きていることになるのである。

しかしながら、いったい、歴史を前もって定めるなどという不遜なことが、果たして可能なのであろうか》

近代人からすれば当然の疑問だが、シュペングラーは恐ろしいほどの精度で、現在の状況を言い当てている。

なぜそれが可能だったのか?

それは歴史を動いているまま捉えようとしたからだ。ゲーテが言うように、生物は諸要素に分解できるが、諸要素から再び合成して生き返らせることはできない。生命は複合体であり、諸部分が互いに連関して、一つの統一体をなしている。こうしたゲーテの理解をシュペングラーは歴史に応用した。

《ゲーテの手法は原型(Typus)論とメタモルフォーゼ論の二つを柱とする。例えば、植物の葉という基本的な器官(原型)が、茎葉、花弁、雄蕊、雌蕊、果実へと、形態を変える(メタモルフォーゼ)ものとして捉えられる》

メタモルフォーゼは、有機体とその外部環境の相互作用を通じて発生する。

《この形態学を人間の精神に適用したものが「観相学」である。観相学とは、人間の内面をその外面から推し量ろうとする科学である。人間の外面から内面を判断できる所以《ゆえん》は、人間と彼を取り巻く環境との間に、相互作用があるからである》

《シュペングラーは、この観相学を歴史理解の手法として導入する。ある身分や国民の発展過程を、その外観である制度や文化や象徴の変遷から推し量ろうというのである》

没落に抗するということ

西洋文明の起源をギリシャ・ローマ文化に求め、古代と中世、近代を連続体とみなす歴史観をシュペングラーは否定した。
《シュペングラーによれば、ギリシャ・ローマ文化の魂は「感覚的に現存している個体を拡がりの理想型」とするものであり、彼はそれを「アポルロン的」であると呼ぶ。これに対して、西洋文化の魂は「ファウスト的」であり、「その根源象徴は、限界のない純粋空間」であると言う》

簡単に言えば「アポルロン的」魂には感覚で把握できる範囲があり、「ファウスト的」魂は抽象により外部に拡大していく。シュペングラーはこの構図を、アラビア文化・エジプト文化・バビロニア文化・インド文化・中国文化・メキシコ文化にあてはめ、その発展過程を比較した。

そこで見えてくるのが、貨幣、都市、政治、産業といったあらゆる領域の形態変化の類似性だ。シュペングラーは根拠のない予言をしたのでも、過去の理想に戻れと説いたわけでもない。チューリップの球根が芽を出し、花を咲かせ、最後に枯れるのを見るように、歴史を観察しただけだった。

シュペングラーが予言した文明の末路は、経済成長の鈍化、グローバリゼーション、地方の衰退、少子化、ポピュリズム、リベラリズムの失効、環境破壊、機械による人間支配、非西洋諸国の台頭、金融の支配といった現に今われわれが直面している姿だった。これが宿命なら、われわれはどう生きればいいのか？

『西洋の没落』は「運命は欲する者を導いて行き、欲しない者を引きずって行く」というセネカ（前一〜六五年）の言葉で終わる。

《ここに言う「運命を欲しない者」とは、例えば、現代においてなお、体系的哲学や倫理的哲学を求める者のことであろう。（中略）これに対して「運命を欲する者」は、歴史の観相学によって、現代が避けることのできない没落の途上にあることを知る。しかし、没落の運命は、その者を一体どこへと導いていくというのであろうか。

それは没落の運命を知りつつも、没落に抗して挑み続ける実践へと導かれるのである》

ニーチェはニヒリズムが宿命であるなら、徹底的に没落せよと言った。それによってしかニヒリズムは乗り越えることができない。シュペングラーの態度も同じだ。こうした広大な視点をナチズムという一現象に絡めて論じてしまうところに、近代人の知の劣化は表れている。

西部邁『思想の英雄たち』

西部邁（一九三九〜二〇一八年）が多摩川に入水し、自殺した。彼の本は何冊も読んできたが、一九九六年に刊行された『思想の英雄たち 保守の源流をたずねて』を振り返っておきたい。そこでは一五人の哲学者・思想家が紹介されている。

自由主義者であるエドマンド・バーク（一七二九〜九七年）を保守主義者と見なしていい理由は、デイヴィッド・ヒューム（一七一一〜七六年）以来の懐疑論の伝統が脈打っているからだろう。近代の理想に対する懐疑が保守主義を生み出したのだとすれば、慣習や偏見、先入見を擁護したバークが「保守主義の父」と呼ばれる理由もよくわかる。

セーレン・キルケゴール（一八一三〜五五年）は「参加者」が「傍観者」に堕落するのが現代の特徴であるとし、妬みの原理により社会が「水平化」していく危険性を指摘した。

アレクシ・ド・トクヴィル（一八〇五〜五九年）は人民主権の中に、「多数者の専制」つまり全体主義が胚胎することを見抜いていた。

ヤーコプ・ブルクハルト（一八一八～九七年）、ギュスターヴ・ル・ボン（一八四一～一九三一年）、シュペングラー、ヨハン・ホイジンガ（一八七二～一九四五年）、オルテガ、カール・ヤスパース（一八八三～一九六九年）、トーマス・エリオット（一八八八～一九六五年）、ルートヴィヒ・ヴィトゲンシュタイン（一八八九～一九五一年）、フリードリッヒ・フォン・ハイエク（一八九九～一九九二年）、マイケル・オークショット（一九〇一～九〇年）……。こうした人々に対する西部の評価は、私も原典（といっても翻訳だが）を読む上でおおいに参考になった。

もちろん、書の読み方は人それぞれである。

たとえばニーチェの項目には「その道徳・宗教批判は矯激に跳ねている。それは、おそらく、人間の生が道徳・宗教への関心（ということは価値への模索）をぬきにしては成り立たぬということを軽視したためだろう」とある。

西部らしくない誤読だ。ニーチェは道徳一般を批判したのではなくて、キリスト教道徳を批判したのである。逆に道徳が捻じ曲げられた原因を突き詰め、その回復を目指したのがニーチェの哲学だった。

チェスタトンについて

西部のギルバート・キース・チェスタトン（一八七四〜一九三六年）に対する過大評価もここに起因するのだろう。

チェスタトンは「孤立した傲慢な思考は白痴に終わる。柔らかい心を持とうとせぬものは、ついには柔らかい脳を持つことに至りつくのである」とニーチェを貶めた。

西部はこの言葉を引き、こう述べる。

《ニーチェとチェスタトンは合理主義を疑ってかかるという点では同工であった。両者が異曲であったのは、ニーチェがすべてを疑い、「自分自身の悪夢」たる超人思想のなかで立ちつくしてしまったのにたいし、チェスタトンはいわば神の高らかな笑いとそれに応じる庶民の柔らかい心とが存在することを、信じてみせようと構えたところにある》

ニーチェは日々の生活を真っ当に送る「庶民」を軽視したのではなく、近代が生み出した「大衆」を批判したのである。また、ニヒリズムの徹底と超人思想は一部の選ばれた人間に過酷な試練として与えられるものであり、「庶民」に求めたわけではない。

チェスタトンは『正統とは何か』の中で、保守主義を口汚く罵っている。カトリックの自由主義者であるチェスタトンがニーチェを嫌うのは理解できるが、西部がチェスタトンに甘いのは、彼のユーモアと諧謔の精神、進歩主義に対する辛辣な語り口調が好きだったからだろう。

もちろん、それでいいのだ。

本書全体から浮かび上がってくるのは、保守とはイデオロギーではなく、逆にイデオロギーを警戒する姿勢や態度であるという前提と、表層的な言葉、論理に対する不信である。「西部が書くものはどれも同じ」と悪態をつく人間もいるが、思想を伝えるためには語り口調、文体、トーンが重要になる。その工夫を怠らなかったのが西部だった。

西部はあとがきでこう述べる。

《厄介なのは、戦後日本の現状が大いに革新的だという点である。社会における価値や制度そして個人における心理や行動がこれほど急激に革新された半世紀間は世界史の上でもめったにあるものではない。したがって、そこで現状維持をもって保守とみなすとすると、それは革新と保守を等置することにほかならない》

本書が刊行されてから四半世紀が経とうとしているが、いまや「等置」どころか、保守を自称する政治家や物書き、メディアが革命を唱え、あらゆる伝統的な価値や制度を否定し、「ふしだらな思考習慣」の中で、倒錯した言葉を扱うようになった。

戦後の思考停止、政治の腐敗を象徴する政権に声援を送る自称保守を見れば、残念ながらわが国に保守思想は根付かなかったと言うしかない。保守知識人もほぼ死に絶えた。だからといって、いまさら嘆いても仕方ない。本書で紹介された賢者たちが予言したとおり、大衆社会の行き着く先は、このようなものなのだろう。

西部は続ける。

《こんな始末であるから、ありとあらゆる言論が紊乱《びんらん》のきわみに達し、とうとう知識人の大量自殺ともいうべき光景がこの世紀末日本に現出したとて、驚くには当たらない》

腐った世の中では何を言っても無駄である。

それでも西部はこう述べた。

《この列島に住まう人々の「危機における決断」に本書が役立つということなど、奇跡をおいてほかにはありえない。そうと承知しつつも、論理としては、どこかの誰かにそんな奇跡が起こる可能性を否定できない》

奇跡は奇跡でしかない。それを私は西部から学んだ。

ウィリアム・H・マクニール
『世界史』

先日、チェコ共和国のプラハ城に行った。かつてはボヘミア国王や神聖ローマ皇帝の居城だったが、現在は大統領府と美術館になっている。世界で最も古く大きい城であり、フラチャヌィの丘の頂にある。城内に入り、中庭を通り抜けると、聖ヴィート大聖堂がある。天井の高さ三四メートル、幅六〇メートル、奥行き一二四メートルの巨大ゴシック建築だ。

この場所に最初に聖堂が建てられたのは九二五年、現在の聖堂は一三四四年に設立された。その後も建築は続けられたが、一五世紀前半に起きたフス戦争の影響で停止。結局、完成に近づいたのは一九世紀に入ってからだった。

ステンドグラスを通して入ってくる光が聖堂内を照らし、美しい。しかし、一番人気といわれるステンドグラスを見て強烈な違和感を覚えた。チェコの有名画家アルフォンス・ミュシャ（一八六〇〜一九三九年）が二〇世紀に装飾したものだが、マンガ家のイラストにしか見えない。マンガを否定しているのではなくて、歴史的建造物とのバランスが取れていないように感じた。しかもチェコ語で「スラヴィア銀行提供」というクレジットまで入っている。法隆寺の金堂に江口寿史のイラストが飾られ、「奈良中央信用金庫提供」とあったら変でしょう。

翌日、「もしかしたら私の勘違いで、ミュシャにも偉大な部分があるのかもしれない」と思い、当初行く予定のなかったミュシャ美術館に足を延ばした。しかし、やはり、そこそこ優秀なイラスト以上でもそれ以下でもない。はっきり言えばどうでもいい絵である。もちろん、人により価値観は様々だし、美術館は混んでいたが、私は受け付けなかった。

一六一八年五月二三日、三十年戦争の発端となったプラハ窓外投擲事件が発生する。その前年、熱烈なカトリック教徒で対プロテスタント強硬派として知られていたハプスブルク家のフェルディナント（一五〇三〜六四年）がボヘミア王に即位し、プロテスタントを迫害する政策を打ち出した。これにプロテスタント（一五〇三〜六四年）のボヘミア貴族らが反発。プラハ城を襲い、国王顧問官ら三名を城の三階の窓から投げ落とした。

三十年戦争はヨーロッパ最大の宗教戦争といわれる。当初は神聖ローマ帝国内の争いだったが、デンマーク、スウェーデン、フランス、スペインなどヨーロッパ中を巻き込む国際戦争へ発展。カトリックのフランス王国がプロテスタント側につくなど、次第に宗教とは関係のない争いに突き進んでいく。その背後には、フランス王国ブルボン家およびネーデルラント連邦共和国と、スペイン・オーストリア両ハプスブルク家のヨーロッパにおける覇権の問題があった。カトリックと新教の対立も、神学だけではなく、通史で見ないとわからないことが多い。

キリスト教という暴力

歴史学者ウィリアム・H・マクニール（一九一七〜二〇一六年）の『世界史』は、ヨーロッパ人の性格が成立した過程についてコンパクトにまとめている。

《「航海者」という渾名《あだな》をもつポルトガルのエンリケ王子（一三九四〜一四六〇年）が、大洋発見の劇的な航海への道を準備した。この発見が、たかだか六十年以内の期間に、人の住める地球上への全航路をヨーロッパ人に開いたのであった》

エンリケ王子が、三〇海里程度の誤差をもって自分がいる位置を確定できる表を天文学者や数学者につくらせたことにより、長距離の航海が可能になる。一四九七年、ヴァスコ・ダ・ガマ（一四六〇年頃〜一五二四年）が喜望峰に到達。造船技術も進化し、アメリカとつながったことが、世界を大きく動かした。その影響をマクニールは三つにまとめる。すなわち「アメリカ大陸からの大量の金銀の流入に伴う価格革命」「アメリカ大陸産の作物の伝播」「病気の拡大」である。

《注意ぶかい調査の結果、一世紀内のうちに、スペインにおける物価は、約四倍にも上がったことが判明している。（中略）もちろんだれも銀の供給の増大と価格の上昇の間の関係を理解していなかった。しかしあらゆる社会が影響を受け、ある者たちが栄えるのに対し多くの人々は、それまでの時代にあったものよりもっと大きな貪欲と邪悪が世間に放たれたのだ、と結論した。こうした確信が、この時代のヨーロッパ史をその前後から分かつ、きわめて激しい宗教的、政治的論争を生んだのであった》

作物の伝播は食料供給を増大させ、病気の伝播はアメリカ侵略を容易にした。

《例えば、ヨーロッパの船は、多くの疫病――その中には黄熱病やマラリアのような命にかかわる病が明らかに含まれていたが――をアフリカから新世界に運び、そこで蚊の媒介によって中央アメリカおよび南アメリカの各地方を、ほとんど人が住めない状況にしてしまった》

《明らかに、疫病が新たに大洋をわたって広がったことは、ヨーロッパ人にとってきわめて有利な結果を生んだ。本国の人口は、なんら取りかえしのつかぬ損失は被らず、やがてそれまで例を見ない高率の人口増加がはじまった》

こうした流れに起因する「貪欲と邪念」が宗教戦争という形で暴発する。

《ただしそれはキリストの真理の教えるところとは、ほとんど一致しない激しい戦いであった。こうした暴力や流血の最中にあって、世俗的な戦士たちは、絶え間なくその権力を伸ばしつづけた。プロテスタントになった主要な国々においては、政府はかつて教会人によって所有された財産の大部分を手に入れた。（中略）ほとんど同じような運命が、教皇への忠誠を守り続けた国においても教会を襲った。例えばスペイン、フランス、オーストリアのようなカトリック君主たちも、教会の土地その他の財産をあからさまに没収しはしなかったけれども、領域内の高位の聖職者の任命や、教会の土地への課税を平気で行ったのである》

宗教改革はキリスト教の原理化運動だが、同時にカトリックの拡大路線を刺激した。カトリックの教会はきらびやかな装飾が施されたものが多いが、祭壇にはチープなイエス像が飾ってあったりする。考えてみれば、この混沌こそカトリックなのだ。なりふり構わない世界支配への意志を考えれば、ミュシャのポップなイラストを聖堂に飾ろうが別段不思議なことではない。

適菜収『箸の持ち方』

杉田水脈とかいう自民党のネトウヨ議員が、『新潮45』（二〇一八年八月号）に「『LGBT』支援の度が過ぎる」という文章を寄稿。「LGBTのカップルのために税金を使うことに賛同が得られるものでしょうか。彼ら彼女らは子供を作らない、つまり『生産性』がないのです」という部分は、LGBT関係者だけではなく、独身者や子供がいない夫婦からも大きな反発を食らった。だったらオナニーも禁止か。生産性がないのだから。

注目を浴びたのは、杉田の顔だ。『AERA』はネット上の記事で、嘉祥流観相学会代表の岡井浄幸による杉田の顔の分析を紹介（二〇一八年七月二七日）。杉田は「まず全体の印象として『幸せに縁のない』お顔」であり、「多様な価値観が理解できない。人間という多様なものがわからない」「この人は政治家になるべきではなかったかもしれません」とした。

これに対し、杉田は差別主義者だが、この記事も差別ではないかとの声が上がり、『AE

RA』編集部は記事を削除し、謝罪した。

しかし、政治家を顔で判断するのは大事なことである。

「観相学はオカルトだ」などと言うバカも散見されたが、それならアリストテレス（前三八四～前三二二年）からゲーテ、アンリ＝ルイ・ベルグソン（一八五九～一九四一年）、マイケル・ポランニー（一八九一～一九七六年）、シュペングラーまで、真っ当な哲学の系譜をすべて破棄しなければならなくなる。

個人を表面的なもので判断してはいけないというのは近代に発生した妄想だ。顔は情報の宝庫であり、内面は外面に表れる。顔、立ち居振る舞い、姿勢、喋り方、箸の持ち方などに、人間の本性は表れる。

国のトップに求められるのは政策でも主張でもない。そんなものは口先だけでなんとでも言える。公約など守られたためしがない。必要なのは信頼だ。有権者は、政治家の語り口調や立ち居振る舞いの背後に、その人間性を見いだすのである。

一国のトップは、その国の文化や伝統に責任を負っている。

フランスのトップはフランス料理の伝統を称え、中国のトップは中華料理の文化を称える。

アメリカのトランプでさえ、ハンバーガーを健気に食っている。

一方、杉田を自民党に呼び寄せた安倍晋三は、田舎のヤンキーよりも食べ方が汚い。握り箸だし、犬食いだし、迎え舌だし、同じ日本人とは思えないほど、あらゆるマナー違反を繰り返す。

マナーには根拠がある

ユネスコの無形文化遺産に「和食」が登録された際、内閣広報室は動画をつくり、世界に向けて和食の魅力を発信した。約五分の動画で、安倍は和食の文化について語り、その後、誰もが驚愕する挙に出た。「それではいただきます」と言うと同時に、目の前にある御飯茶碗を左手で、箸を右手で同時に持ち上げ、さらに箸を宙で回転させ、最後は口からはみ出た御飯を箸で押し込んだ。わずか三秒くらいの間に、最低でも四つのマナー違反を犯していた。

世界に誤解を発信したようなものだ。普通だったら内閣府は「これが日本の食文化だと思われては大変だ」と撮り直すところだろう。しかしその指摘さえできないような状況が発生していたようだ。いずれにせよ、安倍は箸の持ち方を誰からも注意されないまま大人になってしまった。親身になって助言をしてくれる人との人間関係を築くことができなかった。「箸の持ち方なんてどうでもいい」と言う人もいる。逆に言えば、そういう人たちが安倍を支持しているのだろう。

拙著『箸の持ち方』では、物腰に見られる優美さや美しさは、人間が幾世代もかけて蓄積してきたものであることを指摘した。

ゲーテは言う。

《礼節の表面的なしるしには、かならずふかい道義的な根拠がある。真の教育とは、このしるしとこの根拠を同時に伝える教育である》（『親和力』）

なお、箸の正しい持ち方には合理的な根拠がある。「伝統型」と呼ばれる正しい箸の持ち方は、間違った持ち方に比べて、きちんと箸先を閉じることができることが実証されている。《「伝統型」の人は箸で「つまんだり」「はさんだり」する対象物が変わっても箸を持つ位置の移動がほとんどない安定した持ち方だといえる。

（中略）

モデルとして、こんにゃく（二×二〇×五〇ミリ）を長さに平行に中心から割り裂く作業を行なったところ、「伝統型」の持ち方で、平均一六・五秒、「鉛筆型」の持ち方で、平均二四・五秒を要した》（向井由紀子・橋本慶子『箸』）

安倍が箸を持つことができないのは「幼さ」の表れだ。そしてこれこそが安倍のわが国の伝統や文化に対する姿勢を示している。

歴史も政治も憲法も知らないバカを六年間も野放しにしてきた結果が、今の惨状だ。北方領土はロシアに乗っ取られ、日本は世界第四位の移民大国になってしまった。コンビニの店員は中国人ばかりである。

総裁選に出馬した石破茂は、目指すべき政治は「政府が嘘を言わない（こと）」「証拠を書き換えたりしないということ」と発言（「時事放談」二〇一八年八月一一日放送）。

「嘘を言わない」というのが総裁選の主張になるって、安倍の六年間で日本がいかにおかしくなったかということですね。

そこで提案。総裁選では候補者に大豆を箸でつまませて、一番上手にできた人間が総理になるというのはどうか？

この方法では、情勢判断能力、機敏性、冷静さ、品位、すべてが試される。国のトップにふさわしいのは「正常」な人間だ。犬ではない。

エッカーマン『ゲーテとの対話』

詩人、劇作家、小説家、自然科学者、政治家、法律家……。あらゆる分野において、超人的能力を発揮し、西欧の全教養が流れ込んでいたゲーテの眼には、野蛮な時代の到来が見えていた。

《憂鬱な気分のとき、現代のみじめさをしみじみ考えてみると、まるで次第に世界が最後の審判の日に近づいていているみたいな気になってくることがよくあるな》

《つまりわれわれは、先祖の犯した罪を悩むだけでは足りずに、その受け継いだ欠陥を自分たちの手でさらに大きくしてしまって、子孫へ引き渡すからね》

ゲーテは政治をどう捉えていたのか？

《だから、君主や未来の政治家は、いかに多面的な教養を身につけていても十分すぎるということはない。すなわち多面的であることが、その人の職業なのだから》

現在わが国では多面的な教養どころか、自国語も箸も満足に使えない〝幼児〟が総理大臣になり、買ってもらった玩具を放り投げるかのように、国家の破壊を続けている。

いや、すでに破壊活動は完了したと見たほうがいいだろう。安倍政権下において国家の信頼は地の底に落ちた。公文書の改竄がまかり通っているのだから。

社会の乱れは言葉の混乱として現れる。ありとあらゆる言葉が正反対の意味で使われ、メディアは嘘、デマ、プロパガンダを垂れ流すようになる。移民は「外国人材」、家族制度の破壊は「女性の活用」、戦争に巻き込まれることは「積極的平和主義」、秩序破壊のための実験は「国家戦略特区」、不平等条約のＴＰＰは「国家百年の計」、南スーダンの戦闘は「衝突」……。嘘が発覚したり、論理的な整合性がとれなくなれば、現実のほうを歪める。議事録の修正、イラクの日報隠蔽、裁量労働制のデータ捏造。歴史的事実そのものに手が加えられるなら、あらゆる判断も主張も意味をなさなくなる。

「私は立法府の長」といった過去の発言でもわかるように、安倍は自分の仕事の内容すら理解していない。バカの一つ覚えのように繰り返す「改憲」にしても、憲法を理解していないので意味不明のシロモノになる。

ついには短いセンテンスの文章すら意味が蒸発するようになった。

「決裁文書書き換えは、自身と妻がこの問題に関与していれば首相も国会議員も辞めるとの首相発言がきっかけでは」と質問された安倍は、「私の発言がきっかけとの仮説が事実なら、全ての削除された箇所に妻の記述がなければならない」と答弁。頭が悪すぎて、ツッコむこともできない。

安倍は証人喚問がなにをする場なのかさえ理解していなかった。国会では「証人喚問は刑事罰に問われるような人間が呼ばれる場」と発言。もちろん、間違いである。

結局、全部嘘だった

安倍が国会でついた嘘は枚挙にいとまがない。三歩歩いたらすべてを忘れる鳥頭なので、発言の整合性が気にならないのかもしれないが、政治の劣化は取り返しのつかないところまできた。

「（北朝鮮との）対話による問題解決の試みは無に帰した」「北朝鮮との対話は意味がない」と述べておきながら、「私は北朝鮮との対話を否定したことは一度もありません」と発言。

「私の世代が何をなし得るかと考えれば、自衛隊を合憲化することが使命ではないかと思う」と言ったかと思えば、「（自衛隊を）合憲化するということを私は申し上げたことはありません」。

「国際公約でもある財政健全化に向け、中期財政計画を早期に策定するなど、経済成長と財政健全化の両立を目指してまいります」と言っておきながら、「（財政再建問題を）私が国際公約と申し上げたことは一度もない」。

平気な顔で嘘をつく。

要するにデマゴーグである。

ゲーテは嘆いた。

《世の中は、低能や狂人でいっぱいさ。狂人に会うためには、癲狂院へ行くまでもない》

「フクシマについて、お案じの向きには、私から保証をいたします。状況は、統御されています」

「自民党がTPP交渉参加に先立って掲げた国民との約束は、しっかり守ることができた」

「採択されている多くの教科書で、自衛隊が違憲であるという記述がある」

「今回の法整備（安保法制）に当たって、憲法解釈の基本的論理は全く変わっていない。この基本的論理は、砂川事件に関する最高裁判決の考え方と軌を一にするものだ」

結局、全部嘘だった。

安倍は子供の頃から嘘つきだったそうだが、嘘に嘘を重ねてもなんとかなったというのが彼なりの「成功体験」なのだろう。

一番の問題はこんな外道を担ぎ上げて、野放しにしてきた日本社会である。

保守は母国語に対する愛を基盤とする立場であるはずだが、今や「保守」を自称する政権が革命を唱え、「膿」そのものが「膿を出し切る」と啖呵を切り、そこに寄生する社会のダニが政権礼賛のプロパガンダを大量に垂れ流すようになった。

ゲーテは『格言と反省』で言う。

《多数というものよりしゃくにさわるものはない。なぜなら、多数を構成しているものは、少数の有力な先進者のほかには、大勢順応のならず者と、同化される弱者と、自分の欲するところさえ全然わからないでくっついて来る大衆とであるから》

安倍を支持しているのは右翼でも保守でもない。「大勢順応のならず者」と「同化される弱者」と「大衆」である。

考えてみれば平成とはそういう時代であった。改革幻想に踊らされた花畑が、国家を解体する勢力にひたすら声援を送り続けた結果が、現在の惨状である。

正気を残している人間にとって唯一の救いがあるとしたら、目の前で国家の崩壊をまざまざと目撃することができたことだろう。

これほど贅沢な見物はない。

郵 便 は が き

お手数ですが
62円分切手を
お貼りください

1 7 1 - 0 0 2 1

東京都豊島区西池袋５丁目26番19号
陸王西池袋ビル４階

KKベストセラーズ
書籍編集部行

おところ 〒

Eメール　　@　　TEL　（　　）

（フリガナ）
おなまえ

年齢　　歳
性別　　男・女

ご職業
会社員
公務員
教　職（小、中、高、大、その他）
無　職（主婦、家事、その他）
学生（小、中、高、大、その他）
自営
パート・アルバイト
その他（　　）

愛読者カード

このハガキにご記入頂きました個人情報は、今後の新刊企画・読者サービスの参考、ならびに弊社からの各種ご案内に利用させて頂きます。

●本書の書名

●お買い求めの動機をお聞かせください。
1. 著者が好きだから　2. タイトルに惹かれて　3. 内容がおもしろそうだから
4. 装丁がよかったから　5. 友人、知人にすすめられて　6. 小社HP
7. 新聞広告（朝、読、毎、日経、産経、他）　8. WEBで（サイト名　　　）
9. 書評やTVで見て（　　　）　10. その他（　　　）

●本書について率直なご意見、ご感想をお聞かせください。

●定期的にご覧になっているTV番組・雑誌もしくはWEBサイトをお聞かせください。
（　　　）

●月何冊くらい本を読みますか。
（　　　冊）

●本書をお求めになった書店名をお聞かせください。
（　　　）

●最近読んでおもしろかった本は何ですか。
（　　　）

●お好きな作家をお聞かせください。
（　　　）

●今後お読みになりたい著者、テーマなどをお聞かせください。

ご記入ありがとうございました。著者イベント等、小社刊行書籍の情報を書籍編集部HP ほんきになるWEB（http://best-times.jp/list/ss）にのせております。ぜひご覧ください。

エドワード・W・サイード『知識人とは何か』

先日、ある大学の教員が書いた保守主義に関する文章を読んでうんざりした。大雑把に言えば、知識人は庶民の生活を見失い、イデオロギーや学問の世界に閉じこもってしまっていると。一方、庶民は日々の生活に根差しており〝常識〟を維持しているので慣習や制度を守ろうとする。「悪いのは象牙の塔に閉じこもった知識人だ」というわけだ。吉本隆明（一九二四〜二〇一二年）の「大衆の原像」ではないが、この手のステレオタイプな議論は昔から何度も焼き直されてきた。

その教員は一応は知識人と庶民を単純に二極に分けることはできないことを指摘しているものの、オークショットを引用しながら庶民の保守性を持ち上げるのには違和感がある。

オークショットは言う。

《保守的であるとは、見知らぬものよりも慣れ親しんだものを好むこと、試みられたことのないものよりも試みられたものを、神秘よりも事実を、可能なものよりも現実のものを、無制限なものよりも限度のあるものを、遠いものよりも近くのものを、あり余るものよりも足りるだけのものを、完璧なものよりも重宝なものを、理想郷における至福よりも現在の笑いを、好むことである》(「保守的であるということ」)

近代とは〝常識〟を破壊する運動であり、そして最低限の「保守性」すら失われたのが現在である。特に今の日本においては、むしろ「生活感情」のほうに近代啓蒙思想や合理性が染み付いている。彼らは三度の飯より改革が好きなのだ。現実を見ればいい。多くの人間は、慣れ親しんだものよりも見知らぬものを、試みられたものよりも試みられたことのないものを、事実よりも神秘を、現実のものよりも可能なものを、限度のあるものよりも無制限なものを、近くのものよりも遠いものを、足りるだけのものよりもあり余るものを、重宝なものよりも完璧なものを、現在の笑いよりも理想郷における至福を好むのである。だからこそオークショットはあえて保守主義に言及しなければならなかったのだ。

一九世紀後半にはニーチェがニヒリズムに対する処方箋を示している(ニヒリズムの徹底という形で)にもかかわらず、議論はそこからさえ始まっていない。たしかに知識人と呼ばれる人間にはクズが多い。しかし、庶民の「保守性」に期待するような呑気な時代はとうに終わったはずだ。改革を煽るのも庶民である。知識人の役割は、それを庶民と呼ぼうが、大衆と呼ぼうが、彼らに媚びることではない。

知識人の正体

私はエドワード・ワディ・サイード（一九三五～二〇〇三年）の『知識人とは何か』を思い出した。サイードは「左派」として扱われてきたが、それこそ紋切型の手垢のついたイメージであり、保守主義の根幹と重なる部分は多い。いや、この転倒した世界において、むしろ保守の本質を言い当てている。なにしろ、サイードにとっての長年の「ヒーロー」は、ルネ・デカルト（一五九六～一六五〇年）を根底的なところから批判したジャンバッティスタ・ヴィーコ（一六六八～一七四四年）なのだ。

《このヴィーコの偉大な発見によれば、社会的現実を理解する正しい方法は、それを起源の時点から発生してきたものとして理解することである。社会的現実の起源は、それをさぐってゆくと、たいていきわめてつつましやかな状況にゆきつく》

《世俗の世界とは、ヴィーコがくりかえし主張するように、どこまでも歴史的なものであり、それ自身の法則と過程をもち、けっして神によって定められたものではない》

サイードは知識人の公的役割を「亡命者」「周辺的存在」「アウトサイダー」「アマチュア」

「現状の攪乱者」「権力に対して真実を語ろうとする言葉の使い手」などと表現する。それは単なる「反権力」ではない。

《すなわち、オールターナティブな可能性を垣間みせる材源を徹底して探しまわり、埋もれた記録を発掘し、忘れられた（あるいは廃棄された）歴史を復活させねばならない》

《知識人の語ることは、総じて、聴衆を困惑させたり、聴衆の気持ちを逆なでしたり、さらには不快であったりすべきなのだ》

《わたしが使う意味でいう知識人とは、その根底において、けっして調停者でもなければコンセンサス形成者でもなく、批判的センスにすべてを賭ける人間である。つまり、安易な公式見解や既成の紋切型表現をこばむ人間であり、なかんずく権力の側にある者や伝統の側にある者が語ったり、おこなったりしていることを検証もなしに無条件に追認することに対し、どこまでも批判を投げかける人間である》

こうした意味における広義の「反権力」、徹底した懐疑、イデオロギーの拒絶は保守主義と通底する。そもそも近代の権力構造に対する反発のことを「保守主義」と呼ぶのだから。

サイードは念を押す。

《これは知識人の使命を政府の政策に対する批判者に限定することではない。むしろ、たえず警戒を怠らず、生半可な真実や、容認された観念に引導を渡してしまわぬ意志を失わぬこ

とを、知識人の使命と考えるということだ》

大事なのは、あのとき何を言ったかである。それにより知識人の正体は明らかになる。たとえばサイードは、アメリカのイラク侵略、ソ連のアフガニスタン侵攻、インドネシアのチモール人虐殺などを例に挙げる。

《最初になすべきは、何がおこったのか、なぜそれがおこったのかをみきわめること、それも、それだけを孤立した出来事としてながめるのではなく、徐々に真実を解きあかしてゆく歴史の一部、しかもその枠内に自国民を主人公としてふくんでいる歴史の一部としてとらえることである》

現在、わが国で発生している状況も、単に安倍晋三とその周辺の暴走と考えると大きく間違える。われわれは過去の事例を想起しながら、なにが発生したのかを見極めなければならない。その結論は聴衆の気持ちを逆なでするようなものになるはずだ。もっともそれを担うべき知識人がほとんど見当たらないという状況が今の惨状を招いたともいえるのだが。

佐藤優／片山杜秀『平成史』

ここのところ平成の三〇年の政治を振り返る仕事をやっていたので、参考になるかと思い、『平成史』を購入した。お馴染みの佐藤優と片山杜秀の対談である。もっともこちらはテーマが政治に限定されておらず、様々な事象を扱っているので、当時を思い出しながら楽しく読むことができた。

それにしても平成元年（一九八九年）はとんでもない年だった。二月にはリクルート社の創業者・江副浩正（一九三六～二〇一三年）が逮捕される。三月には東京都足立区の女子高生コンクリート詰め殺人事件が発覚。四月には消費税が施行。同月、朝日新聞珊瑚記事捏造事件が発生。七月の参院選で社会党が第一党になる。八月、わいせつ容疑で逮捕された宮﨑勤（一九六二～二〇〇八年）が、東京・埼玉連続幼女誘拐殺人事件を自供。一〇月には田中角栄（一九一八～九三年）が政界を引退。一一月にはオウム真理教による坂本弁護士一家殺害事件が発生。一二月、東証の大納会で日経平均株価が史上最高値の三万八九五七円四四銭を記録。その後、バブルは崩壊した。国際情勢も大きく変化した。六月の天安門事件、一一月のベルリンの壁崩壊、一二月のマルタ会談による冷戦の終結……。こうした中、「古い時代は終わった」「グローバリズムに乗り遅れるな」と構造改革の嵐が吹き荒れた。政治とカネの問題により高まった国民の不満を利用する形で、国家の根幹に手をつけようとする勢力が拡大していく。自民党は政治改革大綱で、小選挙区制度を提唱。小選挙区比例代表並立制が導入されたのは一九九四年の細川政権下だが、平成元年の段階で自民党の中から、選挙制度自体を変えようとする動きが活発化していた。要するに、平成元年に火種はほとんど出揃っていた。この火種を育て、あちこちに放火し、国を焼き滅ぼしたのが平成の三〇年だった。

同書の指摘も共感できるものが多い。

佐藤「菅政権は3・11の対応ばかりが語られますが、実は極めて重要な決定をいくつもしている。消費税10％への引き上げに言及したり、TPPの協議開始を表明したりしたのは菅政権でしょう。安倍政権のアジェンダは菅政権で作られた。だから外国人のウォッチャーは、菅政権と安倍政権は非常に似ていると見ている」

片山「なるほど。菅直人と安倍晋三は両極にいる人として見られていますが、政策はほとんど同じ」

安倍は菅直人の劣化バージョンにすぎない。

平成の三〇年にわたり、政治の周辺、背後で動いていたのも同じような連中だ。小沢一郎の『日本改造計画』も複数の学者が書いたものだ。橋本龍太郎（一九三七〜二〇〇六年）の急激な構造改革路線、自民党を破壊した小泉劇場、権力の集中を目論んだ民主党政権を経て、平成の最後に腐敗の総仕上げのような形で安倍政権が誕生した。

面白かったのが以下のくだりだ。

佐藤は陰謀論者の副島隆彦と対談することになった経緯をこう明かす。

佐藤「副島さんと仕事する前に一つ試験がありました。『人類は月面に到達したと思っていますか』と聞かれた。この問いには緊張しました。副島さんは『人類の月面着陸は無かったろう論』で第14回日本トンデモ本大賞を受賞しているんです。私はこう応えました。『そう思っています。なぜなら私はキリスト教徒でキリストが死後3日後に復活したと信じているからです』私の応えに副島さんは『実証できるかどうかの問題ではなく、信仰の問題ですね。それならいいでしょう』と一緒に仕事をすることになった」

要するに、論点をずらして質問から逃げたわけですが、なかなか巧妙ですね。

実は私も副島に同じ質問をされた。「さあ?」と答えると、「わからないにしても、だいたいのパーセンテージがあるだろう。月に行ったが何割、行かなかったが何割くらいだと思う?」と。「月に行った」が一〇割と言いたかったけど、私は人がよすぎるので「月に行ったが八割くらいですかね」と答えた。結局、対談本をつくる企画は中止になったが……。

ファシズムの正体

同書『平成史』の内容も八割以上は賛同できる。特に安倍一強が続いた原因の分析はきわめて正確だ。

片山「当初は民主党政権に対する期待が大きかった。その反動で、期待が幻滅に変わってしまった。(中略)何をやっても意味がない。何が起きても何も変わらない。現在の安倍一強を支えているのは、民主党政権以後に社会に広まったニヒリズムの空気でしょう」

佐藤「一度政権を投げ出した安倍が再びトップに立ち、しかも長期政権を運営している。改めて考えてみると、その要因は二つだけです。一つは野党の弱体化。もう一つが辞任の原因となった潰瘍性大腸炎の新薬の開発」

科学の進歩が人類に幸福をもたらすとは限らない。

次の指摘も的確だ。

片山「そこで安倍政権ははなから一貫性を放棄している。それが長期政権に結びついているのではないでしょうか。曖昧性と刹那性の組み合わせでできていて、批判者が政権に思想的実体があると思って拳を振り上げても、霧みたいなもので叩けない」

佐藤「けれども、安倍首相は実証性と客観性を無視して、自分が欲するように世界を理解する反知性主義者です。（中略）彼に国家戦略や安全保障、経済政策を求めるのは魚屋にアスパラガスを買いに行くのと一緒のように思えます」

佐藤「昔マルクス経済学者の宇野弘蔵は、ファシズムの特徴は無理論だと語っていました。つまり理論がないから、理論に拘束されない」

片山「安倍政権を保守、右と解釈するから実態が見えてこないんでしょうね」

同感だ。アレントも、ファシズムはイデオロギーではなく、中心は空虚であると指摘した。彼女は「民主主義と独裁の親近性」は歴史的に明確に示されていたにもかかわらず、より恐ろしい形で現実化したと言う。それは近代人の「徹底した自己喪失」という現象である（『全体主義の起原』）。

平成の三〇年にわたる「改革」の大合唱が生み出したのは、悪性のニヒリズムの蔓延と、チンパンジー以下の総理大臣、公文書が改竄されても誰も責任を取らないグロテスクな社会だった。

ヤーコプ・ブルクハルト『世界史的考察』

「タイム100」という企画がある。アメリカの雑誌『タイム』が二〇〇四年から毎年発表している「世界で最も影響力のある一〇〇人」のリストだ。二〇一八年には日本から安倍晋三と孫正義が選ばれたが、選考の基準がよくわからない。やたらとアメリカ人が多いし、女性の人権の向上に貢献したとの理由で、『ビッグ・リトル・ライズ』でDVに悩む女性役を演じたニコール・キッドマンとか、女性ヒーロー映画『ワンダーウーマン』のガル・ガドットとか……。単に映画で演技をしただけなのにね。その他にも、銃規制のデモをやった高校生やラッパー、コメディアン。最年少は、ドラマ『ストレンジャー・シングス 未知の世界』でブレイクした女優のミリー・ボビー・ブラウン一四歳とのこと。世界に影響どころか、名前さえ知らない。

アメリカのビジネス誌「フォーブス」も二〇〇九年から同様の企画を続けているが、こちらのほうはまだ理解できなくもない。一位は習近平、二位はプーチン、三位はトランプ、四位はメルケル、五位はAmazon.comの取締役会長兼社長のジェフ・ベゾスである。

もっとも、いつの時代においても、人々は「偉大な人間」を求めようとする。しかし、そもそも「偉大」とはどのようなことをいうのか？

スイスの歴史家・文明史家のヤーコプ・ブルクハルト（一八一八〜九七年）は、次のように定義した。

《偉大な人とは、その人がいなければ世界がわれわれにとって不完全に思われるような人のことである。それは、特定の偉大な業績はこの人によってしか、彼の時代と彼を取り巻く世界の内部においてしか実現しえなかったからであり、また、こうした業績はこの人による以外には考えられないからである》

ブルクハルトはまず「われわれは自分たちの矮小性、傲慢にして漠然とした性状を出発点とする。偉大の偉大たるゆえんは、われわれが偉大ではないというこの点にある」と言い、「偉大ではないもの」を「偉大である」と誤認してしまう人間の心性について述べていく。

《さらに、われわれは自分の内部にきわめて不純な種類の感情のあるのを発見する。すなわち、おもねり、感嘆したいという気持であり、ある人のことを偉大と思うような、そういう印象に酔いたい、そしてそういうことを夢想したいという欲求である》

《さらにこれに加えて、ただ権力というものだけにおもねり、これを偉大であると申し立てる、目のくらんだ、もしくは直接買収された著作家等々の手になる、きわめて頻繁にそれが虚偽であるばかりか、不誠実でさえあると証明された文書による伝承がある》

このあたりの事情は自民党総裁選直前に集中的に刊行されたネトウヨライターによる安倍ヨイショ本の山を見ればいい。大衆はおもねり感嘆したいのである。こうして彼らは最も矮小なものを選択し続ける。

ついでに言えば、二〇一八年の自民党総裁選で石破茂が掲げたスローガンは「正直、公正」だった。

面白かったのは、このスローガンに対し、自民党内から「個人攻撃はやめろ」という声が出たことだ。要するに、安倍が不正直不公正であることは党内でも共通了解になっていたということだろう。

麻生太郎に至っては「候補者は二人しかいない。どちらの顔で選挙したいか。暗いより、明るいほうがいいのではないか」と言い出した。ひょっとこ顔や幼児顔よりは、暗い顔のほうがマシ。

麻生は、岩手県盛岡市で開かれた「安倍晋三自民党総裁を応援する会」で、「G7の中で、我々は唯一の有色人種だ」とも発言。先頃までアメリカ大統領は黒人だったが、自民党の劣化は深刻だ。

全般に広がる浅薄化

偉大な人間とは、単に役に立つ人間ではない。

ブルクハルトは、ドイツの地質学者アルタン（一七八九〜一八六四年）、フランスの発明家ジャカール（一七五二〜一八三四年）、アメリカの発明家ドレイク（一八一九〜八〇年）、イギリスの物理学者ダニエル（一七九〇〜一八四五年）を例に上げ、彼らは多くの銅像を建てられ、圧倒的な成果を示しているにもかかわらず、偉大とは呼べないと言う。なぜなら、世界全体と必ずしも関わりを持っていないからだ。

《また、こうした発明家や発見者は代わりがきき、他の人たちがあとになれば同じ結果に達したかもしれないという気がするが、一方、個々の偉大な芸術家、詩人そして哲学者はどの人もまったく代わりがきかないのである》

こう考えると孫正義やジェフ・ベゾスも代わりが利くような気がする。一方、数学や科学の分野では「偉大さ」は明確になる。ブルクハルトは、天文学者のコペルニクス（一四七三〜一五四三年）、物理学者のガリレイ（一五六四〜一六四二年）、天文学者のケプラー（一五七一〜一六三〇年）

を挙げた。

美術史家でもあるブルクハルトは、詩人と芸術家に授けられているのは「うつけたこの世界の抵抗に打ち勝つ」ための魅惑的で、晴れやかな美であると言う。

《特殊科学の本務とするたんなる知識に満足せず、それどころか哲学の本務である認識にさえ満足せず、己れ自身の、多様な形態をとって現われる謎めいた本質に気づくと、精神は己れ自身の解しがたい諸力に対応する別な諸力がなお存在していることを予感する。その時発見されるのは、大きな、もろもろの世界が精神を取り巻いていて、これらの世界は精神のうちに形象として存在しているものにたいして形象の形でしか語りかけないということである。すなわち芸術がそれである》

こうした人間の根源に関わる偉大さが失われたのが近代だ。

《いずれにせよ、われわれの時代の支配的な情念《パトス》、すなわち、もっと良い生活を、という大衆の願望が凝縮して一人の真に偉大な人物になるということはありそうもない。われわれが眼前に見ているのは、むしろ全般に拡がっている浅薄化である》

だとしたら安倍が『タイム』に選ばれた理由もわからないでもない。

第四章

もう、きみには頼まない

政治家は主張より人格、物書きは人格より主張

西部邁が多摩川に入水し、自殺した（二〇一八年一月二一日）。以前から自殺については語っておられたし、数カ月前に「西部さんが自死を選ぶのか知らないし、そうなったときでも特に驚かないと思う」と私はフェイスブックに書いていたが、それでももやもやとしたものが残る。

私が西部の本を読み始めたのは大学一年の頃だったと思う。四半世紀も前の話だが、当時の文章がきわめて正確に今の時代を予見しているのを見ると、彼がほぼ壊滅状態にある現在の保守論壇と一線を画してきた理由がよくわかる。

以前、TOKYO MXの『西部邁ゼミナール』という番組にゲストとして呼んでいただいた。私はテレビが嫌いなので出演を断ってしまったが、それでも酒の席に誘ってくれた。赤坂の蕎麦屋で飲み、タクシーで新宿のバーに移った。私の本を読んでくれていて、「僕は

適菜君みたいに色っぽい文章を書けないんですよ」と言った。私は驚いた。大御所と呼ばれる人たちは、自分より若い人間の書いた本など基本的にスルーするか、読んでいないふりをするものだと思っていたからだ。その日は再度出演を依頼されたが、さんざん奢ってもらった挙句に断ってしまった。

その後、怒られることもなく、何回か表現者塾の二次会、三次会に呼んでいただいた。なにか喋れと言われたので、安倍晋三を延々と批判したら、一部の塾生から反発があったようだ。安倍が総理を辞めてからしばらくの間、西部は安倍を塾に呼んだりして面倒を見ていたことがある。だから、いまだに悪くは言わない人たちがいるのだろう。晩年の西部が安倍をどのように評価していたかは、多くの記事になっているので、ここでは繰り返さない。

最後にお会いしたのは二〇一七年の春頃。西部の友人の某国会議員にケチをつけたり、いろいろ失礼なことというか、いちゃもんに近いことを言ってしまった。今から考えると、この人には自分の気持ちを正直に伝えたほうがいいと思ったのだろう。向こう隣りに座っていた中森明夫がビビって「そこまで言うなよ」と間に入ってくれたが、それでも悪態をついていたら最後は奢ってくれた。

私は保守主義者は自殺しないと思う。保守主義者である三島由紀夫は、最晩年に右傾化し、武士として諫死《かんし》、憤死した。一方、西部は絶望して死んだのではない。今の時代において正気を残していれば最初から絶望しているのだ。最後の収録となった『西部邁ゼミナール』（二〇一八年一月二〇日放送）で、西部は「言論は虚しい」「僕の人生はほとんど無駄でありました」と言い放った。今回の件に関する世の中の反応を見れば、それは正しいのだろう。ネトウヨが西部について頓珍漢なことを言ったり、安倍界隈の自称保守がすり寄ろうとしたり。

近代とは「常識」を維持するために努力が必要になった時代である。西部の著書のタイトルにあるように『「世論」の逆がおおむね正しい』からだ。西部は言論は虚しいと最初からわかった上で、少数の正常な人間に語りかけたのだと思う。

西部は亡くなる少し前、村本という漫才師と対談していた。彼は二〇一七年末に政権を風刺する漫才をやり、政権に批判的な人たちから評価されていたが、私にはなにが面白いのかさっぱりわからなかったし、もっと言えば目つきが気持ち悪かった。風刺漫才をやった後に、出演中のネット番組が終了することになったが、ツイッターに「私事で番組にご迷惑をかけることになり、自分から（降板を）申し出ました」と書き込み、ネットでは「圧力がかかったのではないか」との憶測が流れたという。ところがその番組の最終回では「村本に官邸からの圧力は働きません」「すぐに陰謀論や圧力を唱える人をあぶり出したかった」などと説明。自分で圧力の存在を匂わせておきながら、心配してくれた人を陥れる。要するに人間が下種なのだ。

二〇一八年の元日に放送された『朝まで生テレビ!』で村本は「尖閣諸島は中国に取られてもいい」「沖縄は中国から日本が取った」などと発言。また「憲法九条二項を読んだことがあるか?」と問われ、「読んだことないです」と回答。出演者から無知を批判されると、その後別のイベントで「無知であるからこそ、いろいろ知ることができる」と開き直った。

子供が無知なのは仕方がない。無知を武器に大人にケンカを売るのは子供の特権かもしれない。しかしこの男は三七歳である。単なるバカだろう。この手の花畑はネトウヨにバカの標本として利用されるだけなので、社会に対して害しかない。むしろ、いかがわしい勢力にとっては都合がいい存在だ。バカに批判されても、痛くもかゆくもないのだから。

村本は以前にもこんなツイートを。

《マリーアントワネットの頃に共謀罪があったらフランス革命は起こってなくて、いまも独

裁の国で貴族は金持ちのまま、庶民は貧しいままだったと思う。国民から声を奪う法律、共謀罪大反対》

知らないことには口を出さないほうがいい。フランス革命の結果、独裁になり、庶民も貴族も殺されたのだ。どこかに似たような奴がいたと思っていたら、元アナウンサーの長谷川豊だった。「マホメット？　ただの性欲の強すぎる乱暴者です」「8割がたの女ってのは、私はほとんど『ハエ』と変わらんと思っています」「自業自得の人工透析患者なんて、全員実費負担にさせよ！　無理だと泣くならそのまま殺せ！」などと暴言を吐き、世間の注目を浴びようとしていた愚劣な人物だが、村本は二〇一七年の大晦日にツイッターで、長谷川豊らとジャーナリスト論を語り合いたいとつぶやいていた。センスないね。芸人としても致命的。

先日「赤旗」の取材を受けた。安倍政権に比べれば共産党はまだ保守的なところがあるので評価している部分もあるが、程度の低い市民活動家に甘すぎるところが残念。先日も某駅前で市民活動家みたいな連中が「民主主義を守れ、九条改正反対、徴兵反対！」と騒いでいた。逆でしょう。民主主義だから徴兵制になるのだ。私は民主主義には否定的だから徴兵制には反対だけど、彼らは左翼の教典であるジャン＝ジャック・ルソー（一七一二～七八年）すら読んでいないのか？

殴られたら殴り返せ

妻を殴りけがをさせたとして経済評論家の三橋貴明が逮捕された(二〇一八年一月六日)。私は一度雑誌の鼎談でご一緒しただけなので、どういう人なのかは知らない。そのときに頼まれて、音楽に関する文章を彼のサイトにいくつか転載したことがあるくらいだ。だから擁護するつもりもないが、人格と主張を一緒に論じてはいけないと思う。

私は政治家は政策や主張より人格のほうが大事だと思っている。口先だけならなんとでも言えるからだ。

一方、物書きは人格より主張のほうが大事である。その主張はあくまで思考の材料だからだ。人格的に問題がある人物の書籍を拒絶するなら、ジュネ(一九一〇～八六年)もバロウズ(一九一四～九七年)もアルチュセール(一九一八～九〇年)も井上ひさし(一九三四～二〇一〇年)も読めなくなる。それ以前に、偉そうにモノを書いている人間なんて、自分も含めてどこかおかしいのだ。まあ、DVはダメだけどさ。

暴力といえば、プロ野球の中日、阪神、楽天の元監督で、楽天球団副会長の星野仙一が死んだ(享年七〇)。テレビや雑誌は星野の鉄拳制裁を面白おかしく報じていたが、つい最近まで相撲界の暴力問題で連日騒いでいたメディアは、矛盾を感じないのか？
星野に一番殴られたといわれる元中日の中村武志はこう述べる（「夕刊フジ」二〇一八年一月一二日）。
《怖い、怖くないのレベルじゃない。生きるか死ぬか、それくらいの感覚でした》
《キャンプ中、室内練習場での居残り特打を運動靴でやっていたら、いつの間にか見られていて、「スパイクは？」と聞かれ、返事をためらった瞬間、場内を一周半歩きながらグーとパーで殴られ続けました》
《まだ駆け出しだった頃には、チーム宿舎のロビーで自分で吸うたばこを買う姿を目撃され、「先輩の買い出しを…」と言い訳してしまった。「俺はウソをつく奴が一番嫌いなんだ！」と怒鳴りながらボコボコにされ、気がつけば倒れてました》
《監督室で叱られていて、クリスタルガラス製の大きな灰皿が飛んできたこともありました》
《監督の奥さまにも気遣われて、「武志君、いつもごめんね。実は、負けて帰ってきても『今日も武志を殴ってやったわ！』と言っているときは機嫌がいいの。我慢してね」と言われてました》
女房もおかしいだろ。
中村は言う。
《理不尽に思えることもあったけど、今にして思えば正しいことだったと思います。でないと、プロで生きてこられなかった。星野さんにはこの先もずっと感謝し続けます》まだ洗脳が解けていないようだ。生死に関わるような暴力を受けても、死んだら美談かよ。殴られたら殴り返せ。理不尽な暴力に屈してはならない。

二〇一七年大晦日に放送されたテレビ番組『絶対に笑ってはいけないアメリカンポリス24時!』で、ダウンタウンの浜田雅功がエディー・マーフィー主演の映画『ビバリーヒルズ・コップ』を再現するために、顔を黒く塗り登場した。これに対し、人種差別だと非難の声が上がったという。なんだかよくわからない。顔を白く塗るのは白人差別にならないのか。差別にならないと言うなら、それこそが黒人差別である。

そういえば黒人の真似をしたがる人たちがいる。KISSのポール・スタンレーがソウルミュージックを歌い始めたんだけど、見ていられなかった。なぜ誰も止めてあげなかったのか?

安倍は都内の日本料理店で橋下徹と会談。菅義偉と松井一郎も同席し、憲法改正への協力を確認したという（二〇一七年一二月二八日）。連中の憲法観、改憲の中身については何度も指摘しているので繰り返さないが、一国の崩壊を目の当たりにするのは貴重な体験だよね。バカがバカを支持すればバカな国になる。

政府は関係省庁による連絡会議を開き、大阪府の百舌鳥《もず》・古市古墳群を世界文化遺産としてユネスコに推薦する方針を決めた（二〇一八年一月一九日）。仁徳天皇陵を電飾で飾りたいという維新の会へのお駄賃か。こんなことをしていると天罰が下るよ。

読売新聞の「語る　政治展望２０１８」という記事で橋下がインタビューに答えていた（二〇一八年一月一二日）。

《（今の政治で）むしろ必要なのは、マーケティング。国民のニーズを一生懸命探ることだ。国民におもねるポピュリズムだと批判されるかもしれない。でも、成熟した民主国家では、国を誤らせない「正しい」ポピュリズムこそ政治の基本だと思う》

《（安倍政権の）強さの背景で注目すべきは、首相が柔軟に自分のスタンスを変えていることだ。例えば憲法９条改正では、首相は本来、９条２項の削除をやりたいはず。だが、現状では困難とみて１項２項を維持し、自衛隊明記という案を出した。これぞマーケティング政治だ》

《そして自民党が再び政権を奪取し安倍政権になってからマーケティング政治の芽が出始め

た。国民の意向がダイレクトに政権交代につながる小選挙区制のたまものだ》
《国民からの直接的な支持を力の源泉にしていく政治は、これからの政治のあるべき姿だ》
もちろん、小選挙区制では国民の意向はダイレクトに反映されない。死票が増えるのだから当然だ。また、国民からの直接的な支持を権力に直結させてはいけないということは、人類が歴史から学んだ貴重な教訓である。政治に関する基礎的な知識が欠如しているのはいつものことだが、マーケティング政治云々については確信犯だろう。

ポピュリズムとデマゴーグ

政治が急速に劣化した理由は、マーケティングの手法が政治に導入されたからだ。小泉政権時代に自民党が広告会社につくらせた企画書は、「構造改革に肯定的でかつIQが低い層」をB層と規定し、そこをターゲットに世論誘導を行う戦略を描いている。

二〇〇五年、郵政民営化関連法案が参議院で否決されると、小泉純一郎は「郵政民営化に賛成してくれるのか、反対するのか、これをはっきりと国民の皆様に問いたい」と言い、衆議院を解散した。職業政治家の判断を無視し、世論に判断を委ねたわけだ。

小泉は、党内で辛うじて生き延びていた少数の保守勢力に「抵抗勢力」とレッテルを貼り、公認を拒み、「刺客」を選挙区に送り込んだ。小泉は「自民党をぶっ壊す」と息巻いたが、同時に議会主義もぶっ壊したのである。自民党は国民の声をくみ上げるシステムを失い、マーケティング選挙による集票を基盤とするいかがわしい都市政党になってしまった。

この手の連中は、改革派を名乗り、守旧派、抵抗勢力、官僚といった「悪」を設定し、それを駆逐すべしと世情に訴えかける。「改革を進めれば理想社会が到来する」というわけだ。彼らは世の中に蔓延する悪意やルサンチマンを集約するため、嘘、デマ、プロパガンダを最大限に利用する。先日も、日本維新の会のポスターに「大学までの教育無償化を実現!」と大きく書いてあった。もちろん、根も葉もない大嘘である。

弁護士会が橋下を処分する検討を始めた。大阪市長時代に、市の職員を対象にしたアンケート調査が不当労働行為とされたが、橋下は決定に従わず「市の公務員は何百人もクビですよ」などと発言。これが問題になっていた。

いつものことだが、橋下は舌の根も乾かぬうちに真逆のことを言う。朝日新聞のインタビュー（デジタル版二〇一七年一二月四日）ではポピュリズムを批判していた。

《今のメディアはいわゆるポピュリズムを生む報じ方をしているし、その報じ方はおかしいという声が選挙後少しの期間、毎度のことながら上がるけど、メディアはその態度を抜本的には改めない》

《ゆえにメディアが政治権力だけでなく、メディアをもチェックする、つまりメディア同士の相互チェックを徹底しないと、いわゆるポピュリズム的な扇動政治が生まれます》

天性のデマゴーグである。ただし「メディアが僕を無視すれば、僕は票なんか集められないですよ」の部分は正しい。こうした人間を使うメディアが腐っているのだ。

二〇一七年一二月一日、沖縄自動車道を走行中の米海兵隊曹長が、事故で意識不明の重体となった。産経新聞は「曹長は日本人運転手を救出した後に事故に遭った」という内容の記事を掲載し、救出を報じない沖縄メディアを批判。しかし、琉球新報が取材したところ、米海兵隊は「（曹長は）救助行為はしていない」と否定し、県警も「救助の事実は確認されていない」とした。県警交通機動隊によると、産経新聞は事故後一度も同隊に取材をしていないという。

産経新聞の那覇支局長・高木桂一は沖縄メディアに対し「これからも無視を続けるようなら、メディア、報道機関を名乗る資格はない。日本人として恥だ」と書いていたが、産経新聞の見出し風に言うと「特大ブーメラン」ですね。

ドナルド・トランプが中米やアフリカの国々を「クソだめのような国」と呼び、騒ぎになった。橋下は「金美齢というクソババア」「クソ教育委員会」といった暴言で日本を下品のどん底に叩き落としてきたが、橋下化が進んでいるのは日本だけではないようだ。

アメリカ、カナダ、ドイツの七〇人を超える専門家は、トランプの精神面の検査を求める書簡を送付（二〇一八年一月一二日）。彼らによると、トランプは発言にまとまりがなく、呂律が回らず、古くからの友人の顔がわからず、同じ内容の発言を繰り返すという。また、読んだり聞いたり理解したりするのが困難で、判断力や計画立案、問題解決、衝動抑制の能力が疑わしく、語彙力が低下しているとのこと。これに対してトランプは、ツイッターで「（自分は）極めて情緒が安定した天才」と反論。

わが国にも「法案についての説明は全く正しいと思いますよ。私は総理大臣なんですから」と反論した語彙力が極度に乏しい男がいたが、ここまでくると言論の「虚しさ」を感じざるを得ない。

豊かな精神を得るのに五世紀はかかる

西欧では「古代ローマは偉大だった」とよく言われるが、かつて私はそこに復古主義的な感情を見いだしていた。でもそれは近代人にありがちな誤解であり、芸術や建築をはじめ本当にあらゆる分野において偉大だったのであり、それに純粋に驚いているというだけの話。キリスト教の拡大により、文明は衰退し、人類は闇の中で暮らすようになった。特に近代二〇〇年において「人間」は完全に破壊された。

ゲーテはドイツ国民の間に豊かな精神が浸透するには、まだ二～三世紀はかかると言った。ニーチェはもっと悲観的で、西欧近代は仏教誕生の段階にさえ到達していないと指摘した。わが国は西欧に先駆けて近代の崩壊を迎えたようだが、この先、地道に五世紀くらいかけて社会を修復していくしかないのではないか。

クロード・モネ（一八四〇～一九二六年）の油彩画「睡蓮─柳の反映」がパリのルーブル美術館の収蔵庫で見つかり、上野の国立西洋美術館に寄贈されたと同館が発表（二〇一八年一二月二六日）。これはかつて松方コレクションにあった作品で、長い間行方不明になっていた。半分ほど欠損しており、二〇一九年六月の公開を目指し修復を進めるという。これは楽しみ。

倉庫から見つかったといえば、野党五党の議員が厚労省の地下倉庫に乗り込み、裁量労働制に関する「不適切データ」の調査票の原本を出すよう求めた結果、段ボール三二箱、およそ一万人分の原本が出てきた（二〇一八年二月二三日）。

厚労相の加藤勝信は「原票はない」と答弁していたが、組織ぐるみで隠蔽していたわけだ。見つかった資料を調べたところ、一週間の残業が「二五時間三〇分」なのに一カ月の残業が「二〇時間」となっていたりと異常な数値が新たに一一七件も見つかった。データのとり方もデタラメ。「一カ月で最も長く働いた日の残業時間」（一般労働者）と「一日の労働時間」（裁量制の労働者）を比較して、安倍は「一般労働者より短いというデータもある」と言っていたのだ。こんなのを支持している日本人もいるのだから、豊かな精神が浸透するには、少なくとも二～三世紀はかかりそうだ。

財務相の麻生太郎は、確定申告初日の二〇一八年二月一六日に国税庁前で佐川宣寿長官に抗議する集会があったことについて「御党（立憲民主党）の主導で街宣車が財務省前でやってこられた事実は知っている」と発言（二月一九日）。立憲民主党が抗議したところ、「見てただけで主催か主導か判断できない。自分たちで主導していないと言うのであれば、それは訂正させていただく」と訂正した。デマの拡散が国会で常態化。自民党クオリティ。

産経新聞の「正論新風賞」が安倍のヨイショライター小川榮太郎と「国際政治学研究者」の三浦瑠麗に贈られた（二〇一八年二月一九日）。安倍はビデオメッセージの祝辞で「わが国の悠久の歴史や伝統、文化に裏打ちされた価値観は、世の中がいかに変転しようとも揺らぐことはありません」だって。すべてが冗談みたいな国になってきましたね。

三浦はテレビ番組『ワイドナショー』で、北朝鮮のテロリストが日韓に潜んでおり、戦争により金正恩が死んだ場合、ソウルや東京、大阪に潜む北朝鮮のテロリストたちが活動し始めると発言（二〇一八年二月一一日放送）。特に大阪は「今ちょっとやばいって言われていて」と指摘した。ネットには「根拠がない」「在日コリアンに対する憎悪を煽りかねない」と懸念する声が上がったが、三浦は反論。その根拠として挙げたのが「デイリー・メール」紙の記事だった。ネッシーの写真のスクープなどで有名なタブロイド紙だ。信頼性はほとんどなく、ウィキペディアも引用を禁止している。

まあ、私も東スポや『女性セブン』をネタにすることはあるので、引用自体を批判するつもりはないが、要するに、田原総一朗亡き後の電波芸者か、櫻井よしこの後釜狙いの育成枠でしょう。

ちなみにこの件について、いくつかのメディアが報じていたが、『リテラ』の「自称国際政治学者・三浦瑠麗の〝青山繁晴〟化が止まらない！」という小見出しは秀逸だった。

「五輪『日本大躍進』報道のウソ、日本がメダル量産国になれない理由」（窪田順生『ダイヤモンド・オンライン』）もいい記事だった。産経新聞の「日本メダル量産、最多タイ『戦力に厚み』スピードスケート牽引　どこまで伸びるか」（二〇一八年二月一九日）を引用し、こう述べる。

《こう聞くと、なんとなく「日本の快進撃が止まらない」みたいなイメージを抱くだろうが、二月二一日現在、平昌五輪公式ホームページの「Detailed Medal Standings」を見ると、日本は韓国、イタリアに続く一一位。三〇個のメダルを獲得しているノルウェー（一位）や、二三個のドイツ（二位）という本当のメダル量産国の背中すら見えない》

《「そういうレベルなんだから、はしゃいだらみっともない」、とか意地の悪いことを言いたいわけではない。日本のウインタースポーツを盛り上げるためにも、お祭り騒ぎのような「自画自賛報道」だけではなく、冷静かつ客観的に自分たちの置かれた状況も解説すべきだと中し上げたいのだ》

韓国人の自画自賛を「ウリナリズム」と笑っていた連中に限って、同じようなことをやっていたりする。メンタリティーが同じなのでしょう。

自民党の橋本聖子が「これほどまでにスポーツが、あるいはオリンピックが政治の影響を受けたことがなかったな。政治がこれほどオリンピックを利用したこともなかったな」と発言（二〇一八年二月二二日）。安倍を批判したのかと思ったら違ったようだ。現実にオリンピックは政治利用が目的になっているし、そもそもオリンピックを利用して政治家になったのはお前だろというオチ。

昔は朝日、今産経

「産経新聞はなぜ間違ったのか～沖縄メディアを叩いた誤報の真の理由」（江川紹子）もメディアの腐敗を扱っていた。産経新聞が沖縄で発生した車の多重衝突事故に関し、米海兵隊員が日本人を救助したとの誤報を流し、それを報じない琉球新報や沖縄タイムスに対し「報道機関を名乗る資格はない。日本人として恥だ」などと罵倒した件について、江川は「確認不十分で出してしまった、よくある誤報とは、ワケが違う」と指摘。

《（この記者は）沖縄二紙を叩いて、その信頼性を損なうことは正しい行為であり、年明けの名護市長選や秋の県知事選の行方や、あるいは辺野古での米軍基地建設の進展を考えれば、正義に叶うと考えたのかもしれない》

《沖縄二紙に対して〝正義の筆誅〟を加えてやるという高揚感も伝わってくる》

《しかし、そうやって政治的なスタンスが異なる他メディアを〝成敗〟することは、果たして新聞がやるべき仕事なのだろうか》

これに尽きますね。江川によると、以前「産経抄」は慰安婦問題における吉田証言などについてこう述べていたという。

《（朝日新聞には）独り善がりの「正義」を読者に押しつけてきた関東軍的体質があるのではないか》（二〇一四年一一月一五日）

昔は朝日、今産経。

「日本のこころ」の公式ツイッターが島根県制定の「竹島の日」について「朝日新聞には一

切書いていなかった」「これぞ報道しない自由!!」とツイート（二〇一八年二月二三日）。しかし、朝日新聞は報道しており、NPO法人「ファクトチェック・イニシアティブ」はデマの可能性があるとして警報を発した。「BuzzFeed News」が取材したところ、「日本のこころ」のツイッター担当者は、「すぐに訂正をするため謝罪の必要があるとは思えませんし、慰安婦問題を謝罪していない朝日新聞に対し、謝罪するつもりはありません」と答えたという。この手の連中は行動パターンも似ている。他人に厳しく自分に甘い。

安倍は自民党大阪府連所属の衆参両院議員一六人と首相公邸で会食し、「維新に負けないようにがんばりなさい」と激励したそうな（二〇一八年二月一六日）。下種ですね。二〇一五年のいわゆる「都構想」をめぐる住民投票の際、政令指定都市の大阪市を守るために立ち上がった自民党の妨害を続けたのが首相官邸だった。安倍一味は卑劣にも同志の背中に矢を放ち、橋下維新の会を増長させた。もちろん、今でも安倍や菅義偉は維新の会とべったりである。この会食は府連側の申し入れで実現したそうだがおかしいだろう。理不尽な仕打ちには抵抗すべきだ。

韓国大統領府高官によると、安倍は二〇一八年二月九日に開かれた文在寅大統領との会談で、米韓合同軍事演習を平昌冬季五輪・パラリンピック後に延期したことについて「延期する段階ではない」「予定どおり実施することが重要だ」との考えを示したという。

そろそろ病院に収容したほうがいい。

文在寅が苦言を呈したように、これは「主権問題であり、内政の問題」である。アメリカに内政干渉されまくっているので感覚が麻痺しているのかもしれないが、隣国がこういう発言をすれば、戦争の引き金になりかねない。このバカを放置しておくと、とりかえしのつかないことになるだろう。

ペンス米副大統領が、専用機で米軍横田基地に到着（二〇一八年二月六日）。翌日、安倍と会談した。そもそも安倍は主権とはなにかを理解していない。このままなし崩し的になっていくのでしょう。

橋下徹がネット上の番組で、漫才師の村本大輔を擁護（二〇一八年二月一日）。二〇一八年元日に放送された討論番組『朝まで生テレビ！』で、村本は「（沖縄は）もともと中国から取ったんでしょ？」などと発言。「（憲法九条二項は）読んだことがない」と述べ、東大教授の井上達夫から「自分の無知を恥じなさい！」と批判されていた。

橋下いわく「許せない。討論の場で無知って言葉を使うなんて最低」「無知なんて言われたら、僕だったらブチ切れてる。暴れるもなにも、チンコ出すね。放送事故にして番組つぶす」。

討論の場で暴言を吐き続けてきた自分を棚に上げるのはいつものことだが、「無知」を批判されてきた自分を村本に重ね合わせたのか、選挙でお世話になっている吉本興業への配慮なのか。いずれにせよ、社会全体で引き続き監視していく必要がありそうだ。

東京メトロ千代田線で女性専用車両に乗り込んだ男性客三人が、駅員から下車を要請されたにもかかわらず居座ったとのこと（二〇一八年二月一六日）。

女性専用車両をめぐっては裁判沙汰になったケースもある。二〇〇八年六月二七日、女性専用車両に反対する団体の男性らが事前予告の上「つくばエクスプレス」の女性専用車両に乗り込み、その後「憲法で保障された居住・移転の自由を侵害する」「法の下の平等にもあたる」と主張。鉄道会社に対して損害賠償などを求めたが、東京地裁は棄却。

当然だよね。こうした連中のメンタリティーは、程度の低いフェミニストと同じ。二〇一七年三月には「女性専用車両を廃止しろ」という内容の脅迫文が、名古屋市営地下鉄東山線の各駅や同市役所に届いたが、要するに暇なのだろう。

どうでもいいことで騒ぐ一連のバカがいる。東京・銀座の中央区立泰明小学校が、イタリアの高級ブランド「アルマーニ」にデザインを依頼し、最大約八万円の標準服の導入を決めたが、これに関して同小の児童らに対する嫌がらせが発生したという。小人閑居して不善をなす。よその家の子供が何を着ようが知ったことではないではないか。

安倍は国会で連日のように朝日新聞を批判。森友学園の籠池泰典前理事長が設置予定の学校名を「安倍晋三記念小学校」とする設置趣意書を出したとの記事を取り上げ、「まったく違った。国民の間に安倍晋三記念小学校だったということが浸透している。しかし実際は開成小学校だった」と発言。さらにネトウヨ議員の和田政宗のフェイスブックに「哀れですね。朝日らしい惨めな言い訳。予想通りでした」と書き込んだ。安倍は「その原本にあたればすぐにわかるはずであります」などと言っていたが、当時原本を黒塗りにしていたのは政府だろう。盗人猛々しいとはこのことだ。

学園は「安倍晋三記念小学校」の名前で寄付を集めており、朝日は籠池の証言を「証言」として報じただけである。トランプの真似でもしているつもりなのか。安倍らしい惨めな言い訳。哀れですね。

関西将棋会館の公式ツイッターは、藤井聡太ら棋士にバレンタインデーのチョコレートを手渡しせずに、関西将棋会館に郵送するように呼びかけた（二〇一八年二月八日）。

最初から断れよ。そもそも、どこの誰かもわからないところから送られたチョコを食べるわけがない。毒が入っていたらどうするのか。送る側も想像力が完全に欠如している。どうせ廃棄処分になるのだから、身近なところにいる恵まれない男にあげたほうが、皆、幸せになるのに。

大前研一によると、今後、人間の仕事の多くはAI（人工知能）に取って代わられるという（『SAPIO』二〇一八年一・二月号）。

《とくに役人の仕事は、ほぼすべてAIに置き換えることができる。なぜなら、役人の大半は法律や条例で決められたことをやっているだけだからだ》

《あるいは、同級生によるいじめや先生によるパワハラの問題も、AIのディープラーニング（コンピューターに自動で学習させる手法）で対応可能だ。全国の学校の過去の事例をコンピューターに入れておき、似たような事例を調べてAIに的確な対処法を聞けばよいのである》

そもそもこれという解答がないから、いじめは問題になっているのだ。この程度の文章でいいなら、大前研一の仕事もＡＩで代用できる。

中国共産党中央委員会は国家主席の任期を「連続二期一〇年まで」とする憲法条文を削除する改正案を提示した（二〇一八年二月二五日）。現憲法では習近平の任期は二〇二三年までだが、さらなる長期政権が可能になる。なお、三選を禁じたのは、権力が集中した毛沢東（一八九三〜一九七六年）時代の反省によるものだ。

どこかにもそんな国があった。二〇一七年三月五日、自民党は党大会で総裁任期を「連続二期六年まで」から「連続三期九年まで」に改正。これにより、安倍の三選出馬が可能になったが、党内からは無期限論まで出たという。産経新聞は「党内外では習氏への個人崇拝の動きが広がっており、習氏の独裁体制が一層強化されることになる」と書いていたが、他国の前に、少しは自分の国の心配をしたらどうか。

野党は藤井聡太に教えを乞うてみたら

詰んでいることに気付かずに、勝利目前に投了してしまった棋士がいた。第七六期将棋名人戦・C級二組順位戦における増田康宏五段と神谷広志八段の対戦（二〇一八年三月一五～一六日）。押しても引いても同じ手順が繰り返される「千日手」が成立したため、指し直しに。一連の安倍晋三事件でいえば、佐川宣寿の証人喚問が終わったあたりか。

その後、双方、持ち時間を使い果たしたところで、増田五段が危険な手を指した。神谷八段がそれに気づき、王手をかけ続ければ勝ちだったが、なぜか頭を下げ負けを認めてしまう。油断は大敵ですね。すでに詰んでいても、それこそ〝詰めが甘い〟と取り逃がす。

ほぼ詰んでいるのにいつまでも投了しないケースもある。大声を出してごまかしたり、駒の位置をこっそり動かしたり、捨て駒を使って世論工作を始めたり、挙句の果てにはルールそのものを変更する。

自民党憲法改正推進本部は、改憲項目の一つとしている「緊急事態条項」の改正案について、政府に権限を集中し、国民の私権を制限できる規定を盛り込むという（二〇一八年三月五日）。「終盤は駒の損得より速度」。われわれ日本人に残されている時間は少ない。

公文書改竄をめぐる朝日新聞の歴史的スクープ（二〇一八年三月二日）により、いろいろなことが明らかになった。これはロッキード事件やリクルート事件といった過去の疑獄と比較できるものではない。悪党が不正によりカネを懐に入れたところでタカが知れている。しかし、公文書の改竄が絡んでくると、国家の信用の問題になる。今回は「日本は公文書を改竄する国である」ということが国際社会にバレてしまったのだ。そんな国の政権が北朝鮮の独裁体制や不正を非難しようが、説得力の欠片もない。案の定、アジアの安全保障問題に関して、日本は完全に蚊帳の外に置かれることとなった。

もはや右も左も保守も革新も与党も野党も関係ない。わが国は最後の一線を踏み外したのだ。この深刻さを理解できない人間は発言すべきではない。

この件に関する国会の集中審議もひどかった。二〇一八年三月一四日には、自民党の西田昌司が「財務省による財務省のための情報操作なんだよ!」とブチ切れる猿芝居。「なぜ、五日の時点で(改竄前の文書の写しを)入手していたのに、出さないのか。八日には、改竄後の文書を国会に提出している。ふざけている」などと、事実誤認を交えながら大熱弁。「これでは戦前の旧日本軍とやっていることは同じだ」だって。説教強盗かよ。

それよりも愚劣、卑劣なのは、今回の財務省の不祥事を利用して、世論誘導を行おうとしたことだ。財務省がロクでもないのは当然だが、疑惑の目を財務省に向けさせることにより、腐った政権の延命に手を貸し、党内の自分の立場を確保する。さらには改竄という不祥事と財務省の方針(消費税増税やデフレへの対応)といった別次元の話を同列に並べ、財務省の信用を失墜させることにより、それを阻止しようとする。「文書改竄問題が起きたから、財務省は組織丸ごと全員ウソつきだ!」と単純化して印象操作するわけですね。私は財務省の方針には否定的だが、それは個別に論じなければいけない話。「森友事件はフェイクニュースだ」と騒いでいた卑劣な連中が、今度は財務省陰謀論で盛り上がっているが、要するに、地位と小銭にしがみつく悪党がソロバンをはじいたということでしょう。かつての民主党も官僚をスケープゴートにしたが、安倍周辺の工作員も同類。

自爆する安倍応援団

「いつまでモリカケ問題やっているんだ」と言う人がいる。アホかと。問題の追及はやっとスタートラインについたばかり。事実を隠蔽し、参考人の招致を拒み、国会の貴重な時間を浪費してきた責任は与党側にある。

議論の焦点になってきた地中のゴミに関する財務省の二ページ分の文書もすべて削除されていた。改竄前の文書には、安倍晋三、安倍昭恵、麻生太郎、平沼赳夫、中山成彬といった名前があり、日本会議への言及もある。文書偽造は約三〇〇カ所に及んだ。

誰が何の目的で改竄を指示したのか？

財務省は、当時理財局長だった佐川宣寿前国税庁長官の国会答弁との整合性を図るため、財務省理財局の一部の職員が近畿財務局に指示し、改竄したと説明していた。これに対し、自民党の青山繁晴は「一人の局長の答弁のために改竄することは常識では考えられない」と批判（二〇一八年三月一九日）。

え？

まったくそのとおりだけど、どういうことなんだろう？

いつもどおりの「うっかり」なのか、安倍を追い詰めようとしているのか？
組織の末期とはこういうものなのだろう。投入したポンコツ議員が次々と自爆。どれだけ駒不足なのか。

自民党の和田政宗は国会で「『やましいことがあれば国会議員を辞める』という決意は、政治家として肝に銘じておくべきこと。その覚悟が褒められるなら分かるが、批判される意味が分からない」「首相官邸や自民党が隠蔽をこじ開けた」と空気を読まずに安倍を礼賛（二〇一八年三月一九日）。さらに財務省の太田充理財局長に向かって「安倍政権をおとしめるために意図的に変な答弁をしているのか」「増税派だからアベノミクスを潰すため」と暴言を吐いた。いや、政権の品性を貶めているのはお前だろと。あまりにもバカすぎて、議事録から発言は削除され、さすがの麻生も「その種のレベルの低い質問はいかがなものかと、軽蔑はします」と切り捨てた。

いまや頭の弱いネトウヨが議員になる時代。小中学校のクラスに一人はいるよね。ああいう困った太っちょ。

元文科副大臣の義家弘介もいつもどおりの低脳ぶり。国会では「麻生財務大臣への極めて冒瀆的な態度」「麻生大臣がG20に出席できなくなった」「内政の問題で出席できなくなる。たんに文書の書き換えのみならず、わが国にとって深刻な事態になってしまっている」と財務省に責任を押し付け、被害者面。

「彼（佐川）は理財局長としてきちんと仕事してきたと私自身は思っています」「（人事は）適材適所」と繰り返してきたのはどこの国の財務大臣なのか？

太田充理財局長は従来の同省の説明を修正（二〇一八年三月一六日）。決裁文書改竄の背景について、「政府全体の答弁は気にしていたと思う」と述べ、安倍が自身の進退に言及した国会答弁の影響を否定しなかった。

二〇一八年三月一九日には、共産党の小池晃から「なぜ国会議員でもない昭恵氏の動向が（改竄前の決裁文書に）記載されているのか」と問われると、「それは、基本的に、総理夫人だということだと思う」と答弁。GJ。

追い詰められた安倍は「中身を見ていただいても忖度したという形跡はない。忖度したならそういう記述があってもしかるべきでしょう」と発言（二〇一八年三月一九日）。「記述」があれば「忖度」ではないし、不正に関わったなら「形跡」を残すわけがない。

財務省は決裁文書の整合性をとるため、省内の地方組織だけではなく、国土交通省にも文書の改竄を依頼していた。これをもって「やっぱり財務省はそれだけ巨大な権限があるんだ。財務省は諸悪の根源だ」とバカが騒いでいたが、正常な人間なら、省をまたがる巨大な力が働いたと考えるはずだ。

結局、バカがバカを支持するからバカな国になる。一連の事件に安倍が直接関わっていたなら、内閣は総辞職すべきだし、官僚の暴走だとしてもガバナンスが利いていないことになる。

安倍は「最終的な責任は、総理大臣たる私にある」と発言（二〇一八年三月二六日）。だったら話は早い。さっさと投了するのがマナーである。「なぜこのようなことが起きたのか全容を解明しなければならない」などと寝言も述べていたが、事件の解明を行うのは当事者ではない。

「玉は包むように寄せよ」という言葉もある。終盤は逃げ道をふさぐように縛りをかけることが重要だ。

立憲民主党の枝野幸男は都内の街頭演説で、決裁文書改竄について「佐川宣寿氏が一人でやったはずがない。政権ぐるみで改竄した。財務省ではなく政権全体の問題だ」と批判（二〇一八年三月二一日）。

次々と新事実が発覚。約八億円の値引きにつながった地中ゴミを試掘した業者が、虚偽の報告書を作成したと大阪地検特捜部の調べに答えているという。「（学園側と国側から）書けと言われてしょうがなくやった」「事実と違うことを書かされた」とのこと。

二〇一八年三月七日、近畿財務局の男性職員が自殺。Ａ４用紙で六枚にわたる遺書には「このままでは自分一人の責任にされてしまう」「冷たい」「決裁文書の調書の部分が詳しすぎると言われ上司に書き直させられた」「勝手にやったのではなく財務省からの指示があった」との文言があったそうな。男性の親族によると、「心と体がおかしくなった。自分の常識が壊された。汚い仕事の人はみんな異動したが、自分だけ残された」とも語っていたという。近畿財務局から家族に対し、遺書の内容を口外するなという連絡があったそうだが、一体どこまで腐っているのか？

元防衛相の森本敏がテレビ番組で「公文書改竄は許されない事件だが、今の政治状態の中で安倍総理のステータスを考えた場合、トランプ大統領と二〇回以上も電話会談ができるリーダーは世界にいない。安倍総理が辞めたらそれこそ重大な国益の損害」と発言（二〇一八年三月二三日）。

私はオウム真理教事件を思い出した。あのときも信者は「尊師はむしろ被害者だ」と騒いでいた。「地下鉄にサリンを撒くのは許されない事件だが、ダライ・ラマやビートたけしや中沢新一や島田裕巳と会談できるのは尊師しかいない」みたいな感じなんですかね。頭が悪いというか、ほとんどカルト。

要の金を狙え

政界からおかしな人間を追放するのと同時に、メディアの腐敗もなんとかしなければならない。特に第二次安倍政権以降、一部新聞や出版社が急速に劣化していった。人間のクズはどこにでもいるが、ああいう連中にモノを書かせていたメディアの責任は重い。売れればなんでもいいというなら、言論に対する信頼は崩壊する。

麻生も完全にテンパったようだ。

アメリカを除く一一カ国による環太平洋経済連携協定（ＴＰＰ11）が署名されたことについて「日本の指導力で、間違いなく、締結された」「茂木大臣が○泊四日でペルー往復しておりましたけど、日本の新聞には一行も載っていなかった」「日本の新聞のレベルというのはこんなもんだなと」と暴言を吐いた（二〇一八年三月二九日）。

これらはすべて間違い。ＴＰＰ11はその時点では締結されていないし、茂木が行ったのはペルーではなくてチリ。また、朝日新聞、毎日新聞、読売新聞も報道していた。日本の財務大臣のレベルが明らかになった一件だった。

前文部科学事務次官の前川喜平が名古屋市立の中学で講演したことをめぐり、文科省が名古屋市教育委員会に対し説明を求めていたことが発覚。文科省の担当者は、前川が天下り問題で辞職したことなどを挙げ、学校が招いた経緯について「具体的かつ詳細にご教示くださ い」と質問。そこには一五の項目が並び、交通費や謝金の額、動員の有無、講演録や録音データの提供要請などが記されていた。

要するに圧力ですね。

それに対し、市教委は反論。録音データの提供を拒絶した。当然の対応だが、文科省はさらにメールで、「書面にて又は直接ご確認をさせて頂く可能性があります」と脅迫まがいの言葉を並べ立てた。

こちらも公文書改竄と同じパターン。文科省が独断でこんなことをやるはずがない。結局、裏で自民党の赤池誠章と池田佳隆が動いていたことが発覚した。

この赤池は、文科省と東宝がタイアップして制作したアニメ映画『ちびまる子ちゃん イタリアから来た少年』のキャッチコピー「友達に国境はな〜い！」にも難癖をつけていたという。赤池はブログで「国際社会とは国家間の国益をめぐる戦いの場であり、地球市民、世界市民のコスモポリタンでは通用しない」「（文科省の担当者に）猛省を促した」と述べていた（二〇一五年一二月三日）。

この件についてAERA dot.編集部が赤池の事務所にファックスで質問状を送ると、「教育行政を司る文部科学省として、子供向けとはいえ、『国境はない』という嘘を教え、誤認をさせてはいけない」「国境は歴然としてあります」「たかがキャッチフレーズ。されどキャッチフレーズ。一事が万事で、言葉に思想が表出するものです。国家意識なき教育行政を執行させられたら、日本という国家はなくなってしまいます」との回答があったそうな。

そのとおりだ。ついでにウォール街の証券取引所で「もはや国境や国籍にこだわる時代は過ぎ去りました」と言った安倍にも同じことを言えよ。

ちなみに安倍は二〇一六年九月一九日にアメリカのシンクタンク「大西洋評議会」から「地球市民賞」を授与されている。世界も認めるコスモポリタン。

森友学園との土地取引は、近畿財務局内で「安倍事案」と呼ばれていた。森友問題が浮上して以降、局内では「安倍事案で自分たちだけでは判断できない」「官邸筋や本省から理不尽なことをやらされている」との声が上がっていたという。

自民党に狙われた前川は、公文書改竄に深く関わる人物として「影の総理」の異名を持つ首相秘書官・今井尚哉の名前を挙げた。

《官僚が、これほど危険な行為を、官邸に何の相談も報告もなしに独断で行うはずがない》

《忖度ではなく、官邸にいる誰かから「やれ」と言われたのだろう》

《私は、その〝誰か〟が総理秘書官の今井尚哉氏ではないかとにらんでいる》（『週刊朝日』二〇一八年三月三〇日号）

「要の金を狙え」とも言う。これは寄せの基本だ。

二〇一九年の春から「特別の教科」となる中学校道徳の教科書検定で、八社の教科書が合格したと文科省が発表（二〇一八年三月二七日）。

生徒が「思いやり」や「愛国心」などの項目を、数値や記号を使って自己評価する欄を掲載した教科書もあり、専門家からは疑問の声が上がった。

しかし、私はある程度の愛国教育は必要だと思う。少なくとも、国を愛することと、頭のおかしい政権を愛することはまったく別であるということを、中学生くらいまでに徹底して叩き込んだほうがいい。

詰め将棋を解く速度と正確さを競う「第一五回詰将棋解答選手権」のチャンピオン戦が、東京、大阪、名古屋の三会場で行われ、最年少棋士の藤井聡太六段が大会史上初の四連覇を果たした（二〇一八年三月二五日）。

永世名人の資格を持つ谷川浩司九段や広瀬章人八段らも参加する中、唯一の一〇〇点満点だった。野党は藤井君に教えを乞うべきだ。

いまや世界中が〝フェイクニュース村〟

複数の女性記者にセクハラ発言を繰り返していたと報じられた財務省の福田淳一事務次官が辞任（二〇一八年四月二四日）。福田は記者団に対し、「報道は事実と異なり裁判で争うが、財務省が厳しい状況の中、報道が出たこと自体が不徳の致すところで、職責を果たすことが困難と考えた」と辞任の理由を述べた。

なんだかよくわからないが、財務次官の途中辞任は二〇年ぶり。決裁文書の改竄問題で辞任した佐川宣寿前国税庁長官に続き、財務省、国税庁の事務方のトップが辞任するという異例の事態になった。

「今日ね、今日ね、抱きしめていい？」「おっぱい触っていい？」「手縛っていい？」といった発言の音声データまで公開されたが、同省の聴取に対して福田は「女性が接客をする店に行き、お店の女性と言葉遊びを楽しむことはある」「女性記者にセクハラ発言をした認識はない」と答えたという。

一事が万事。今の世の中、すべてが「言葉遊び」なんだよね。

SNSの大手フェイスブックのザッカーバーグ最高経営責任者（CEO）が、個人情報の不正利用などの問題について文書で謝罪（二〇一八年四月九日）。イギリスの政治コンサルティング会社が大量の個人情報を不正に入手し、二〇一六年の大統領選でトランプ陣営支援に利用した疑惑が浮上していた。また、米世論を分断するため、ロシア当局周辺者がフェイスブックを使いフェイクニュースを拡散させた可能性もある。

ネット上に溢れるフェイクニュースの発信源の一つは、マケドニア共和国のヴェレスという小さな村だった。NHKのディレクターがその〝フェイクニュース村〟に潜入したところ、二〇〇〜三〇〇人の若者がフェイクニュース作りに手を染めていた。彼らは多額の広告収入を手にしていたという。

神奈川県大井町の東名高速道で二〇一七年六月、あおり運転によりワゴン車の夫婦が死亡する事故があった。福岡県中間市の石橋和歩が危険運転致死傷罪で立件されたが、その後、まったく関係ない石橋建設工業社長を「容疑者の父」、石橋建設工業を「容疑者の勤務先」

とするデマがネット上に流れた。嫌がらせの電話が殺到した事務所は一時閉鎖。警察は名誉毀損容疑で捜査を行い、デマの拡散に関与した疑いのある一一人を特定した（二〇一八年三月三〇日）。容疑が固まりしだい、立件する方針とのこと。

わが国にも「森友・加計事件は捏造だ」「朝日新聞報道はフェイクニュース」などと騒いでいた〝フェイクニュース村〟が存在するが、ネット上のデマには毅然とした対応をとるべきだ。

安倍晋三とその周辺は、テレビ、ラジオ番組の「政治的公平」や「正確な報道」を定めた放送法第四条の撤廃を検討していたが、その目的の一つは狂信的な政権礼賛を続けるいかがわしいネット番組を地上波に持ち込むことだったようだ。

放送法第四条は、主に「公序良俗を害しない」「政治的公平さを失わない」「事実をまげない」「意見が対立する問題は多角的に論点を明確にする」の四点を謳っているが、これが撤廃されれば、フェイクニュースがまかり通り、選挙報道の中立性も損なわれる。

政府の規制改革推進会議は、通信と放送が融合する時代の放送制度のあり方について議論の方向性を決定（二〇一八年四月一六日）。焦点の放送法第四条の撤廃は明示されなかったが、党内からの疑問の声が考慮された可能性はある。

総務相の野田聖子は「仮に四条が撤廃されれば、公序良俗を害するような番組や、事実に基づかない報道が増加する」。

元幹事長の石破茂は「報道のあり方は、健全な民主主義にとって極めて大事なことだと思っていて、放送法四条の改正は慎重であるべきだ」。

政調会長の岸田文雄は「放送法の役割、この政治的な公平性とか、公序良俗の維持とか、さまざまな役割があるといわれています。慎重に議論すべきものではないか」。

安倍に近い読売新聞まで「政治的中立性の縛りを外せば、特定の党派色をむき出しにした番組が放送されかねない」（二〇一八年三月一七日）、「番組の劣化と信頼失墜を招く」（二〇一八年三月二五日）と批判。

これは当たり前の話。ネトウヨ番組やヘイト番組が地上波で垂れ流されれば、社会の腐敗は加速していく。

放送制度改革ではもう一つとんでもない話が。安倍一味は、外国資本の出資規制の撤廃も目論んでいた。「通信・放送の改革ロードマップ」と題した政府の内部文書には、外資規制の撤廃が盛り込まれている。安倍は、外資が放送局の株式を二〇％以上保有することを制限する規定の撤廃を目指したが、野田聖子は「放送事業者は言論・報道機関としての社会的影響力が大きいことをかんがみて（外資規制は）設けられたもので、これまでのところ有効に機能していた」と牽制（二〇一八年四月三日）。ＧＪ。

安倍も追い詰められていることを自覚しているのだろう。売れるものは今のうちに全部売り払うくらいの勢い。文字どおりの売国奴。普通に考えて、今は、安倍政権が終わるか、日本が終わるかの瀬戸際でしょう。

五つの重大疑惑

米タイム誌が毎年恒例の「世界で最も影響力のある一〇〇人」を発表（二〇一八年四月一九日）。日本からは安倍と孫正義が選ばれた。アジアの指導者では中国の習近平、韓国の文在寅、北朝鮮の金正恩がランクイン。

オーストラリア首相のターンブルは選評で、「自信に満ち、大胆な指導力で日本経済を再生させた」と、ＴＰＰを日本主導でとりまとめたことを評価。

そりゃそうだよね。ここまで自国の権益を放り投げるバカはそうはいない。日本国民にとっては害しかないが。

自衛隊のイラク日報隠蔽、財務省による公文書改竄、加計学園の獣医学部新設をめぐる疑惑……。安倍周辺は財務省や防衛省に全責任を押し付ける工作を続けたが、今度は愛媛県今治市の職員と柳瀬首相秘書官（当時）が面会した記録が、農林水産省から見つかった。

これ完全にアウトでしょう。

立憲民主党など野党六党は国会内で合同集会を開き、五つの問題を「重大疑惑」と位置付け、徹底的に追及する方針を確認（二〇一八年四月一三日）。すなわち、「森友学園への国有地格安売却と財務省文書改竄」「加計学園の獣医学部新設」「自衛隊海外派遣部隊の日報問題」「裁量労働制データや過労死事案をめぐる厚生労働省の対応」「前川喜平前文部科学事務次官の授業への文科省の対応」の五つである。

自民党内からも政府に対する批判が出てきたが、あまりに遅い。

石破茂は「行政の信頼とは一体何なんだということが問われている。（森友学園をめぐる）口裏合わせの話、財務局が航空局に対し、ごみの増量を要請をしたと、これは何なんだということだ」「真実を解明し、行政に対する信頼を回復することは、野党ではなく与党の責任だ。『批判するな』と言われる方もいるが、自浄作用を失うことのほうがよっぽど怖い」などと呑気なことを言っていた（二〇一八年四月一二日）。いや、自民党が自浄作用を失った結果、今のような状況になっているのだ。

岸田文雄は「（疑惑を）数えるだけで時間がかかってしまう」「行政、政治の信頼が問われる事態だ。政府はしっかりと説明責任を果たしてほしい」（二〇一八年四月一二日）。

元幹事長の石原伸晃も「（疑惑が）いろいろ出てくる。あきれている方も多い」と発言（二〇一八年四月一二日）。

元首相の小泉純一郎は「（安倍は）総理も国会議員も辞めると言ったので、本当ならとっくに辞めてなきゃいけないはず。なのに、バレている嘘をぬけぬけと今も言ってるなぁとあきれているんだよ、国民は」（『週刊朝日』二〇一八年四月二七日号）。「早く本当のこと言えと。記録が残っていたら認めるしかない。記録の方を信用するでしょう」「（佐川宣寿を国税庁長官に起用したことについて）適材適所と言ったのに、何で懲戒処分にするんだ。言葉がもう言い逃れなんだよな」と批判（二〇一八年四月一四日）。

嘘つきが嘘つきを叱る。もはやマンガの世界。

小泉政権は二〇〇四〜〇六年、イラク復興支援特別措置法に基づいてイラク南部のサマワに陸上自衛隊を派遣。当時、小泉は国会で、自衛隊の活動は「非戦闘地域に限る」と明言。イラクでの活動が、憲法が禁じる「他国軍の武力行使との一体化」ととられないよう「自衛隊の派遣地域は非戦闘地域」などと答弁し、野党や世論の反対を押し切って派遣を強行していた。

しかし、政府が「ない」と説明していた自衛隊のイラク派遣の際の活動報告（日報）が見つかり、そこに「戦闘」という文言が複数箇所記されていたことが判明し、防衛省幹部が明らかにした（二〇一八年四月一三日）。要するに、小泉は国民を騙していた。まあ、騙されるほうも相当悪いが。

安倍は日報の〝発見〟について「シビリアンコントロール（文民統制）にも関わりかねない重大な問題」「自衛隊の最高指揮官、行政府の長として、国民に深くおわびしたい」（二〇一八年四月九日）などと言っていたが、確信犯である。

二〇一四年五月二八日、安倍は国会で「累次にわたるいわば国連決議に違反したのはイラクでありまして、そして大量破壊兵器がないことを証明できるチャンスがあるにもかかわらず、それを証明しなかったのはイラクであったということは申し上げておきたい」と発言。いわゆる「悪魔の証明」問題で、挙証責任は当然イラク側にはない。小泉も同じことを言い、国会で笑いものになったが、さらに安倍政権はイラク戦争に際し、米英の武力行使を支持した小泉政権の判断を追認(二〇一六年七月七日)。

アメリカの最終報告書は、イラクに大量破壊兵器は存在せず、具体的な開発計画もなかったことを明らかにしている。イギリスも情報分析の誤りを認めた。その上でのこの発言。挙句の果てには、イラク侵略を強硬に進めたラムズフェルド元国防長官に旭日大綬章を叙勲。イラク市民の虐殺に加担した時点で、日本は終わっていたのかもしれない。

参院議員の小西洋之が、現職自衛官を名乗る男から「お前は国民の敵だ」「(国会での)言動が気持ち悪い」と繰り返しののしられたと、参院外交防衛委員会で明らかにした(二〇一八年四月一七日)。

男は防衛省統合幕僚監部指揮通信システム部に所属する三〇代の三等空佐で、永田町の国会近くの路上でジョギング中に小西に遭遇。近くにいた複数の警察官が駆け付けた後も同様の発言を繰り返したという。

政治が軍事に優越するシビリアンコントロール(文民統制)の原則からの逸脱は明らかだ。

防衛相の小野寺五典は当初「（統幕三佐は）若い隊員で国民の一人でもあるので、当然思うことはあるだろう」（二〇一八年四月一七日）と擁護とも受け取れるコメントを出したが、結局謝罪に追い込まれた。

自衛隊制服組トップの河野克俊統合幕僚長も「大変不適切だった。議員と国民におわびする」と謝罪。

政権そのものが膿

石原慎太郎がBSフジのテレビ番組に出演（二〇一八年三月三〇日）。森友問題に関して「つまらないマイナーな問題」「（安倍は）笑い飛ばせばよかった」と主張。また「安倍内閣の最大の功績は、デフレ脱却」と評価。これはすこしかわいそう。ボケ老人をテレビで晒してはダメだよね。

このまま逃げ切るつもりなのか。窃盗などの罪で服役していた平尾龍磨が、愛媛県の松山刑務所から脱走。広島県尾道市の向島に潜伏し、逃走を続けた（二〇一八年四月三〇日逮捕）。平尾は五年前の逮捕のときも逃げ続けており、知人は「トコトン逃げるタイプ。逃げ方がうまい」

と明かしたそうな。警察は九〇〇人態勢で捜査を進めたが、もっと悪質な「トコトン逃げるタイプ」もいる。

財務省理財局が森友学園側に口裏合わせを求めていたことを認めた（二〇一八年四月九日）。安倍政権と財務省は「実際に（ゴミを）撤去するとなるとダンプカー四〇〇〇台分ぐらいになる。そんな動きが本当にあったのか」と追及を受けてきたが、二〇一七年二月二〇日、財務省理財局の職員が森友側に電話をし、「トラックを何千台も使ってゴミを撤去したと言ってほしい」と迫っていた。

安倍は記者会見で「しっかりと調査を徹底し、全容を明らかにし、膿を出し切り、その上で二度とこうしたことが起こらないように組織を立て直していきたいと思っています」と発言（二〇一八年三月二八日）。

防衛相の小野寺五典も、「膿を出し切ることが真っ先にすべきことだ」と述べた（二〇一八年四月九日）。政権そのものが膿なのに。

安倍は東京都内で開かれた国家公務員の合同研修の開講式に出席（二〇一八年四月四日）。「自分の省庁だけを見て政策課題を解決できるような時代ではない。この場にいる仲間との絆を大切に、オールジャパンで政策を考えて」と述べ、新人公務員たちに「高い倫理観のもと、細心の心持ちで仕事に臨んでほしい」と訓示を述べたという。

高い倫理観……。

コントかよ。

しかし、ここまでド級のアホキャラ。しばらく出てこないだろうね。

加計学園・岡山理科大学の入学式が行われた（二〇一八年四月三日）。理事長の加計孝太郎は、騒動後、初めて公の場に登場。前愛媛県知事で日本会議愛媛県支部相談役の加戸守行も来賓として挨拶した。

《四角の帽子を被ってみると、魔法の学校の入学式に立ち会っているハリー・ポッターのような気分でありまして。でも、ある意味では今日は〝魔法の学校〟の入学式かもしれません》

《国家戦略特区諮問会議、民間有識者委員の〝魔法の発言〟で岩盤規制を突破して認められたということですから、その意味では本当に〝魔法〟をかけられることによって存在した、出産した獣医学部かなと思います》

その〝魔法〟が問題になっているのだ。

ぶっ飛んでいるのが、加計学園問題で露骨な政権擁護をしていたタレントのケント・ギルバートが、シレッと客員教授に収まっていたこと。安倍応援団の経済評論家・上念司も客員教授に。中世かよ。

二〇一四年一月二二日、世界経済フォーラム（ダボス会議）で、安倍は「（自分は）既得権益の岩盤を打ち破る、ドリルの刃になる」「そのとき社会はあたかもリセット・ボタンを押したようになって、日本の景色は一変するでしょう」と発言。

たしかに日本の景色は一変した。

政府は外国人労働者向けの新たな在留資格をつくるという。最長五年間の技能実習を修了した外国人に、さらに最長で五年間就労できる資格を与える。試験に合格すれば、家族を招いたり、長く国内で働くことができるようになる。要するに移民政策。

単純労働者の受け入れは認めないなどと「言葉遊び」でごまかしながら、技能実習の範囲拡大や期間延長により、なし崩し的に移民を増やしていく。日本はこの先、移民国家、多民族国家になっていくが、自業自得だ。

安倍は大阪市を廃止し特別区に再編する「大阪都構想」に「反対」と述べ、再度の住民投票実施に否定的な認識を自民党大阪府連に示した（二〇一八年四月一三日）。

大阪府議の朝倉秀実は、「総理は都構想反対と言いました。明確に言った。維新は応援しないようにしますと言ってました」などと浮かれていたが、それでいいのか？

そもそも官邸が維新の会とべったりつながり、同志である大阪自民党の背中に矢を放ってきたこと自体が異常である。松井一郎や橋下徹を増長させたのは、完全に安倍の責任だ。これは重大な反党行為であり、大阪の議員の連中も、こうした機会に諫めることができないなら、組織として終わっている。

「車椅子の天才物理学者」として知られるイギリスのスティーブン・ホーキング博士が死去。享年七六。一九七七年からケンブリッジ大学教授を務め、「ブラックホール蒸発理論」や宇宙創成に関する独創的な理論を発表した。二〇〇〇年に出版した著書では「人類は今後一〇〇〇年以内に災害か地球温暖化のために滅亡する。唯一の助かる道は別の惑星に移住すること」と警告。

その前に日本が滅亡するような気がしてならない。

第五章

粗にして野だが
卑でしかない

ホラ吹きに世界一フレンドリーな国

森友問題、加計問題の騒ぎが下火になり、このままうやむやにされるのかと危惧していたところに、大きなのが出ましたね。森友問題に関しては、財務省が学園側との交渉記録と改竄前の決裁文書三〇〇〇ページを国会に提出（二〇一八年五月二三日）。政府は国会で「交渉記録は廃棄した」と虚偽答弁を続けていたが、財務省は改竄だけではなく記録の廃棄についても認めた。これにより佐川宣寿前国税庁長官の嘘も確定した。

参院議員の小西洋之が「安倍内閣は一年以上、森友土地売却の協議文書を『破棄した』と虚偽答弁。この間、『森友学園』と言及された衆参の本会議・委員会の回数は計405回に及ぶ。実際に質疑を行った議員は1000名以上に上るだろう。これほどまでに国会と国民を欺いてきた安倍内閣は総辞職しかない。議会政治が崩壊する」とツイートしていたが、まったくそのとおり。

加計問題に関しては、愛媛県が二〇一五年四月二日に首相官邸で会ったとされる柳瀬唯夫・元首相秘書官と県職員らとの面会に関する文書計二七枚を参院に提出。そこには、加計学園の獣医学部新設をめぐり、二〇一五年二月二五日に安倍と理事長の加計孝太郎が一五分ほど面談し、安倍が「そういう新しい獣医大学の考えはいいね」とコメントしたとの記述もあった。

安倍は文書の内容を全否定。自民党幹事長の二階俊博は「首相の発言を信頼し、支持する。当たり前のことだ」と発言（二〇一八年五月二二日）。宗教団体ではないのだから、信じる信じないという話ではないが、これで自民党全体の問題となった。安倍の説明が破綻した場合、自民党は下野だけでは済まないでしょう。

安倍はこれまで国会で「私の地位を利用して何かを成し遂げようとしたことは一度もない」「獣医学部新設に関して相談や依頼があったことは一切ない」「（獣医学部新設の計画を知ったのは）国家戦略特区諮問会議で加計学園が学部設置の事業者に決まった二〇一七年一月二〇日だ」と説明していた。愛媛県文書が事実なら、その二年前から知っていたことになり、安倍は嘘をついていたことになる。なお、文書には当時の官房副長官加藤勝信と学園関係者の面会記録もあるが、加藤はこれを事実と認めた。

面白かったのが安倍周辺の自称保守論壇人やネトウヨ、バカメディアの類が追い詰められて発狂したこと。「モリカケ問題はフェイクニュース」「安倍潰しだ」などと言っていた連中が、今度は「愛媛県文書はフォントがバラバラだから捏造だ」と陰謀論を唱えだし、失笑を買った。これには愛知県の中村時広知事もあきれ顔。《間違えてはいけないという思いが強く、強調したい部分の字体を変えるのは当たり前のこと》《よほどこれが事実だと困る人がいるのかなと。正々堂々とやりましょうと呼びかけたい。いくらそういうういちゃもん付けても、何事も正直、真実というのを覆すことはできない》（二〇一八年五月二五日）

あの手の連中の相手をするのも時間の無駄のような気もするが、彼らの末路を見ていると、連合赤軍事件やオウム真理教事件を思い出す。追い詰められると、濃縮されたカルトになっていく。

その後、愛媛県今治市の菅良二市長が、安倍と加計孝太郎が二〇一五年二月に面会していたと市担当者から報告を受けていたことを明らかにした（二〇一八年五月二五日）。愛媛県文書の内容を裏付けた形だ。

「愛媛県文書は捏造」という世論誘導工作に失敗し、安倍包囲網が広がる中、加計側が急いでひねりだしたストーリーがあまりにも浅はかで、国民がずっこけた。

加計学園は報道各社にファックスを送り、当時の担当者に〝記憶の範囲〟で確認した話として「実際にはなかった総理と理事長の面会を引き合いに出し、県と市に誤った情報を与えてしまったように思うとの事でした」とコメント。

これを信じるバカもいないと思うが、仮にこの話が事実だとしても大問題である。加計側が架空の面会をでっち上げ、安倍の後押しがあるように見せかけることにより、愛媛県と今治市を動かしたことになるからだ。実際、面会報告後に柳瀬と県と市の担当者が会い、国家戦略特区の手続きは進められた。

要するに加計側のコメントが嘘だろうが、正しかろうが、どちらにせよ安倍はアウト。「潔白」と言うなら、加計孝太郎を証人喚問すれば済む話なのに、それを拒否しているのが自民党。

間抜けなのは、デマ情報に流されて「愛媛県文書は捏造」とか言っていたネトウヨが、加計側に梯子を外された形になったこと。だって加計側は文書が捏造ではないという前提の上で、コメントを出したわけですから。

立憲民主党の枝野幸男は「常識的にあり得ないようなむちゃな言い訳」、国民民主党の玉木雄一郎は「うその上塗りのような気がしてならない。ここまでして総理の発言とのつじつまを合わせなければならないのか」、中村知事は「我々は公的機関。一般論として偽りなら謝罪、説明し、責任者が記者会見するのが世の中の常識」と発言。普通はそう思うよね。

安倍は「加計理事長は友人だが、私の地位を利用して何かを成し遂げようとしたことは一度もない」と繰り返してきた。加計側のコメントが事実なら安倍は無断で名前を利用されたことになるが、なぜか抗議しない。国会で理由を問われると、安倍は「私も会っていないし、加計氏も会っていないと言っている」「県の担当者が私や加計氏から直接聞いた記録ではない。学園関係者からの伝聞の伝聞にすぎない」「抗議をする必要はないと思う」と答弁。支離滅裂だし、質問の答えにすらなっていない。

二〇一七年二月、安倍は国会で「私や妻が関係していたとなれば、首相も国会議員も辞める」と言っていたが、今度は話をすり替え、「贈収賄は全くない、という文脈で一切関わっていないと申し上げた」と発言（二〇一八年五月二八日）。関与が明白になったので、前提をごまかし始めた。

籠池泰典の反撃

公文書改竄について麻生太郎が驚愕の発言。

「白を黒にしたような改竄といった悪質なものではないのではないか」とし、改竄にあたらないとの認識を示したとのこと（二〇一八年五月二九日）。一四の文書で安倍昭恵や政治家の名前が削除されるなど約三〇〇カ所の改竄があったわけで、「悪質ではない公文書改竄」などあるわけがない。これは国家に対する反逆である。麻生はただのアホだと思っていたが、非常に悪質なアホですね。

こうした人間が政権の中枢にいる時点ですでに有事。わが国は近代国家としての建前も放棄し、北朝鮮並みのカルト国家になってしまった。

麻生は自民党が政権に復帰した二〇一二年の総裁選を振り返り、「暗いやつ（石破茂）を選ぶか、あまり頭の良くないやつ（石原伸晃）を選ぶか。だったら、おなかの悪いの（安倍）が一番いい」と発言（二〇一八年五月一六日）。一番タチが悪いのを選んでしまったわけで、要するに選球眼がない。まあ、どれも嫌だけど。

しかし、安倍はたった六年で見事に日本を破壊しましたね。新左翼も麻原彰晃（一九五五〜二〇一八年）も、安倍の足元にも及ばなかった。ああいう空っぽなのが一番危ない。

国の補助金を詐取したとして詐欺などの罪で起訴された森友学園前理事長の籠池泰典と妻の諄子が大阪拘置所から一〇カ月ぶりに保釈された（二〇一八年五月二五日）。

夫妻は大阪市内で会見。籠池は「これは国策勾留《こうりゅう》であると認識しております。また、妻の、家内につきましては、まったくの冤罪《えんざい》でありまして、まさに人権蹂躙《じゅうりん》の状況で長く勾留されておったと、認識いたしてます」「これはどうも検察と相談、示し合わせたものであって、どうも松井維新の政治的カモフラージュの問題ではなかろうかなと思っております」といきなりパンチをかました。また、証人喚問では真実を話したと断言。

「色々な方々から書籍、衣服、飲み物、食べ物につきまして差し入れをいただきました」と述べていたが、私の著書もきちんと読んでくれたみたい。

《ただし安倍晋三氏については複雑な感情を隠さず、適菜収『安倍政権とは何だったのか』

において は「安倍は皇室に対し正気の沙汰とは思えない嫌がらせを仕掛けてきた」「安倍は『保守』ではなく、きわめて危険な極左グローバリストである」といったところに蛍光ペンを走らせている》（赤澤竜也「差し入れから見えてくる籠池夫妻の近況と接見禁止の実情」）

新刊送っておくか。

籠池は、天皇陛下が憲法改正を危惧されていることに触れ、自分も憲法改正はしないほうがいいと思うと発言。公文書改竄については「やっぱりああいうものは、国民の財産でしょう」「そういうものを書き換えるというのが国民の、いわゆるサーバントであるところの国家公務員がすることではない。絶対にしたらいけないことなんです」「それは国民に対する背信です」と批判した。

しかし、その後、なんだか怪しい展開に。一〇カ月ぶりに夫婦で顔を合わせた印象を聞かれると、籠池は「それはもう、嬉しかったですよ。本当に。私たちは相思相愛ですからね」「この人と一緒に結婚させてもらってよかったし、一緒に人生を歩ませてもらえてよかったな」

諄子は頬を赤らめ、満面の笑顔で「お父さんと結婚してよかったです。私、幸せです」

いきなりの惚気《のろけ》話。諄子も拘置所でシェイプアップしたのか、なんだかかわいらしいオバハンになっていた。メディアが毒婦みたいに報道したのでそのギャップかもしれないが……。

籠池は会見をこう締めた。

《あの方（佐川宣寿）が国会で嘘の証言をしてきた。そこらへんから歯車がおかしくなっているのだと思います。ですから、本体であるところまで突き進むことができていない》

《嘘をついたら、それでええんだということになっていることに、国民が「そんなもんなんか」と。政府、国というのは「そんなもんなんか」と思ってしまったら、この日本の国は滅亡してしまいます》

相変わらずの正論だ。

トランプのバター犬

自民党の竹下亘総務会長は、講演で北朝鮮問題に触れ、「日本は外交の正念場を迎えている。多分この問題（の解決）は安倍晋三首相、この男にしかできないのではないか」「トランプ米大統領の心をわしづかみにしている首脳は世界で首相たった一人だ」と発言（二〇一八年五月二七日）。

ではその「成果」とはなにか？

「対話による問題解決の試みは無に帰した」と危機を煽っておきながら、「私は北朝鮮との対話を否定したことは一度もありません」と平気な顔で嘘をつく。

板門店で金正恩と文在寅の南北首脳会談が行われる中、北朝鮮側は安倍の相手を一切するなと指示を出したという。そりゃそうだよね。トランプのケツを舐めているだけのレームダックを相手にしても意味がない。

トランプが米朝会談を中止すると、安倍はいち早くトランプ支持を表明。やっぱり会談を行うことにすると言うと「会談は必要不可欠だ」と追従する。

少し品のない表現で申し訳ないのですが、バター犬って、最初はバターを塗った場所をペロペロ舐めるのですが、一度それを覚えると、飼い主が裸になるだけで、バターを塗らなくてもペロペロ舐めるそうです。ああ、なるほどねと。

二〇一八年五月二八日には、安倍は官邸で拉致被害者家族と面会し、写真撮影。困ったときはいつもコレ。弱い立場の人間を政局に利用する。卑劣。結局、いろいろなことをごまかしながら先送りにしてきた人生なんですね。だから、政治もその場しのぎ。

ツケが回ってきたのか。追い詰められて海外をフラフラ。イスラエルでは、公邸料理人に革靴の形をした金属製容器でデザートを出された。「靴でも舐めてろ」というメッセージでしょうか？

日本大学のアメフト部の選手が関西学院大学の選手に危険タックルをしてケガをさせ、騒ぎになった。選手は「監督とコーチの指示に従った」と主張。反則はよくないし、選手の主張が事実なら、監督とコーチの責任は厳しく問われるべきだが、でもたかだかガキの玉転がしの話でしょう。一部では安倍晋三事件と並べ合わせて論じるものがあったが、それは少し違うと思う。不正を指示され動いたのは右も左もわからない少年ではない。国家の継続性に責任を持つべき官僚なのである。

それにしてもこのタイミング。ワイドショーは連日大騒ぎ。安倍はあの白髪の日大の監督にしばらく足を向けて眠れないだろう。

政府は外国人労働者の新たな在留資格「特定技能（仮称）」の創設に着手。従来は技能取得を移民政策の口実にしていたが、就労を目的とした受け入れ施策に転換するという。もうなりふり構わなくなってきた。経済協力開発機構（OECD）加盟三五カ国の最新（二〇一五年）の外国人移住者統計では、日本への流入者は前年比約五万五〇〇〇人増の約三九万人となり、前年の五位から韓国を抜いて四位に上昇。

これまで安倍は「移民政策はとらない」と散々述べてきたが、私が指摘してきたとおり確信犯的な嘘だった。

政府はアート市場活性化に向けて「先進美術館」なるものの創設を検討しているそうな。これに指定された美術館や博物館には国から補助金が交付される。その目的は美術館のコレクションを売却することだという。売れるものはなんでも売るというくらいの勢い。最後の良心も売ってしまったのだろう。

こんなバカニュースもあった。

九州国際大学学長の西川京子が、改憲派団体「美しい日本の憲法をつくる福岡県民の会」の集会で、日本のテレビ局の建物に中国や韓国のテレビ局が入居していることを問題視し、「完全に乗っ取られているんですね。以前は一部だったのが、いま中枢にいるんですよ。（憲法改正は）この人たちとの戦い」と発言（二〇一八年五月三日）。ネット上に流れているデマを信じ込んだらしいが、この類の連中はたいていてい壊れている。外国勢力が放送を乗っ取るようにお膳立てしているのは安倍晋三だろうに。放送制度改革において安倍は外資が放送局の株式を二〇％以上保有することを制限する規定の撤廃を目指していた。

しかし、日本は完全に底が抜けてしまった。小泉進次郎は安倍の一連の疑惑について「世論調査を見ても納得している人が圧倒的に少ないことは明らかだ」「政治全体、行政全体の信頼が失墜していることは本当に不幸だ」と発言。内容がゼロ。昼のワイドショーのコメンテーターでも目指しているんですかね？

小池百合子も相変わらず。豊洲の観光施設「千客万来施設」をめぐって、東京都は事業者の万葉倶楽部とモメていたが、小池は神奈川県小田原市の本社を訪れ、直接交渉（二〇一八年五月一日）。

この面会後の万葉倶楽部の高橋弘会長の会見がぶっ飛んでいた。

《「豊洲の事業が遅れたことに責任を感じていませんか？」と聞いたら「それは、都民が私を選んでくれた。都民のせいだ」と言った》

これは小池の言うとおり。いかがわしいババアに票を入れた都民は猛省すべきだ。

二〇一六年三月に経歴詐称が発覚して表舞台から姿を消したショーンKこと川上伸一郎が、TOKYO MXで騒動後初のレギュラー番組をスタートさせるという。

安倍は日本を「世界一ビジネス・フレンドリーな国にしたい」と言っていたが、ホラ吹きに世界一フレンドリーな国になってしまった。

デマゴーグや嘘つきとは戦え

最近では「国境や国籍にこだわるべきだ」とか「韓国や北朝鮮にカネを流すな」とか「北方領土の主権問題を棚上げするな」とか「国の根幹を変えてしまう移民政策を進めるな」とか「農業を守れ」と言うと、ネトウヨやそれに類するメディアから「左翼」というレッテルを貼られるらしい。「安倍さんの足を引っ張るな」と。仕舞いには「嘘をつくな」とか「デマを流すな」とか「公文書の改竄をするな」とか「データを捏造するな」と言うと、「反日」ということになるらしい。

三島由紀夫は敵は左と右から発生する全体主義であり、最後に守るべきものは日本語だと言いました。そういう意味では、日本はすでに終わっていたのかもしれません。

あの手の連中も悪質だが、それをのさばらせてきた社会も異常。言葉に対する信頼が失われたら、なんでもありになる。私は民主党政権も橋下維新も小池新党も安倍政権も批判してきましたが、イデオロギーで裁断したのではなく、単に具体例を挙げて「嘘をつくな」と言

った だけ。「政治家なんてどうせ嘘をつくもの」と達観したような気分になっている人間が増えれば、国家は崩壊する。

『AERA』（二〇一八年六月一一日増大号）の特集は「ウソつきとは戦え」だった。「デマを流すような程度の低い連中など相手にしなければいい」という「大人の寛容な」態度が安倍周辺のデマゴーグを増長させた。面倒だけど、嘘つきには嘘つきと言い続けるしかない。

新潟県知事選挙で、自民、公明が支持した前海上保安庁次長・花角英世が初当選（二〇一八年六月一〇日）。野党五党と衆院会派「無所属の会」推薦の元県議・池田千賀子は敗退した。国政にも影響を及ぼす与野党の対決だったが、選挙期間中には池田を中傷するデマが飛び交った。

一つは、池田が社民党の機関誌『月刊社会民主』に「北朝鮮の拉致は創作された事件」という論文を書いていたというデマだ。これをネット上で拡散したのがネトウヨライターの西村幸祐である。西村は「偏向報道から国民を守る会」と記載のあるデマビラをツイッターで繰り返し紹介。「新潟県民にこのツイートを知らせて欲しい。新潟知事選候補者の池田ちかこの正体が解る」（二〇一八年六月六日）などと書き込んだ。これがデマであることはすぐに判明。

池田陣営も「これは全く事実無根のデマです。ご心配をおかけして申し訳ありません。そして、このような投稿をされた方、拡散された方は速やかな削除をお願いいたします」と表明（二〇一八年六月八日）。にもかかわらず、西村がデマツイートを削除し「謝罪」したのは投票日前日の夜だった。当然、ネット上ではデマは拡散されたまま。これを信じて投票先を変更した人もいるだろう。指摘があったのに直前まで放置したのは確信犯と言わざるを得ない。

なお、西村は投票日に「近代が生んだ20世紀の悪魔の表と裏。マルキシズムとナチズムはコインの表と裏。日本の現状でよく解る。日本共産党や旧社会党の流れをくむ勢力（その一つが立憲民主党）が最もファッショ的な言論弾圧や言論統制に血眼（ちまなこ）になる。29年前の冷戦終結と27年前のソ連崩壊に何の自己批判もなく無反省」などとツイートしていたが、そのナチスが行ったのがデマによる選挙謀略だったというオチ。アホかと。とりあえず筆を折ったらいかがでしょうか？

デマはこれだけではない。花角の支援団体「県民信頼度ナンバーワンの県政を実現する会」の代表代行・長谷川克弥は、自民党支部が三条市で開いた緊急議員会議で、『週刊文春』が池田の下半身に関わるスキャンダル記事を選挙後に出すというデマを流した（二〇一八年六月六日）。さらに地元紙がこれを報道。県内在住の市民八人は長谷川を公職選挙法違反で告発。県警は受理した（二〇一八年六月二二日）。

以前、自称保守を対象とした月刊誌の編集者から直接聞いた話ですが、毎回執筆者とネタ（朝日新聞、野党、中国、韓国、北朝鮮、日教組はけしからんといった話）が同じなのは、主な読者層が中高年だからだと。彼らは新しい情報や視点を求めているのではなく、自分が信じているものが正しいのだと誰かに保証してもらいたいのだと。書店のPOSシステムを見ると、いわゆるネトウヨ本を買っているのもこの層だ。定年後、時間をもてあまし、政治に目覚めてしまう。小金も持っている。でもリテラシーがないから、ゴミ情報に簡単に騙される。出版不況が続く中、モラルを失った編集者がこの層に向けて自慰史観のコンテンツをつくる。これは政治がマーケティングの手法により劣化したのと同じ構造だ。

レームダックの悪あがき

米朝会談の結果をトランプから電話で聞いた安倍は、その後、「（拉致問題に関する）私の考えについては、トランプ大統領から金正恩委員長に明確に伝えていただいた」と述べ、北朝鮮との直接交渉に改めて意欲を示したとのこと（二〇一八年六月一三日）。「改めて意欲」って何年間総理をやっているんですかね？

安倍はトランプに尻尾を振り続け、北朝鮮問題では発言が二転、三転、四転。完全に蚊帳の外状態だったが、安倍応援団で有名なＮＨＫの岩田明子解説委員の手にかかると、なぜか安倍は「五カ国の橋渡し役」ということになるらしい。番組では「カギは『アヒルの水かき』」というキャプションを使っていたが、レームダックの悪あがきにしか見えない。

政府の規制改革推進会議が答申をまとめ提出した（二〇一八年六月四日）。放送制度改革では放送の政治的公平などを定めた「放送法第四条」撤廃の提言が見送られたが、これは朗報。総務相の野田聖子は「公序良俗を害するような番組や事実に基づかない報道が増加する可能性が十分考えられる」と牽制していたが当然だ。

安倍が麻生財務相の続投を明言（二〇一八年六月四日）。公文書を改竄した組織のトップを「再発防止の先頭に」置くそうな。最近「先頭」という言葉を覚えたのか、沖縄全戦没者追悼式（二〇一八年六月二三日）では「私が先頭に立って沖縄の振興を」と挨拶。一番先頭に立たせてはだめな人でしょう。

ノーベル物理学賞を受賞した湯川秀樹（一九〇七〜八一年）らが一九五五年に結成した「世界平和アピール七人委員会」が、安倍内閣の退陣を求める声明を出した（二〇一八年六月六日）。

《5年半にわたる安倍政権下で、日本人の道義は地に堕ちた。私たちは、国内においては国民・国会をあざむいて国政を私物化し、外交においては世界とアジアの緊張緩和になおも背を向けている安倍政権を、これ以上許容できない。私たちは、この危機的な政治・社会状況を許してきたことへの反省を込めて、安倍内閣の即時退陣を求める》

なお現在は、国際政治学者の武者小路公秀、写真家の大石芳野、物理学者の小沼通二、宇宙物理学者の池内了、作曲家の池辺晋一郎、作家の髙村薫、宗教学者の島薗進が委員を務めている。

大阪府北部で震度六弱の地震が発生（二〇一八年六月一八日）。官邸の危機管理センターにおける会見で、菅義偉は「震度六弱を観測した大阪市北区、高槻市、マイカタ市、茨木市、箕面市をはじめ、各地から一一〇番、一一九番通報が多数あるということです」と発言。

安倍、麻生ほどではないが、今の政権には漢字を読める奴はいないのかとネット上で騒ぎになった。「マイカタパーク」というツイートもたくさん流れてきた。なお枚方市《ひらかた》は誤読されないように二〇一六年に「マイカタちゃいますプロジェクト」を開始。今回、枚方市は政府に抗議したというが、逆に感謝したほうがいい。地味なキャンペーンより、菅の誤読のほうがPR効果は高い。もっとも今の政府なら「枚方はマイカタと読む」と閣議決定しかねないけど。

小沢一郎（事務所）がこんなツイートを。

《首相官邸 for Kidsという政府の子供向け広報サイトがある。社会科コーナーでは三権分立について「権力が一か所に集まると行き過ぎを止められなくなるからじゃ」「ふーん。一人の人が力を持ちすぎると好き放題できちゃうんだね！」とある。キッズではなく、総理がまずこちらをご覧になるべきではないか》（二〇一八年六月一二日）。

そのとおりだが、小選挙区制の導入や政治資金規正法の改正、政策決定の政府への一元化など、権力の集中を招くようなロクでもない「改革」を繰り返してきたのはどこの誰なのか。小沢による国家の根幹の破壊が、今の安倍政権みたいなものを生み出したわけだろうが。

独立の丹心の発露

森友学園への国有地売却問題をめぐり、立憲民主党は佐川宣寿前国税庁長官が二〇一八年三月に衆参両院予算委員会の証人喚問で証言した内容について、安倍や昭恵夫人の影響を否定した部分など計九カ所で虚偽の疑いがあると発表（二〇一八年六月二六日）。

一八歳未満と知りながら、女子高生ら三人を午後一〇時以降に飲食店で働かせたとして、「元ヤンキー町議」として知られる会社役員・橋本真助が風営法違反容疑で逮捕された（二〇一八年六月二一日）。ニュースの見出しを見たときは「おっ！」と思ったけど、町議のほうでしたね。

大学生のアメリカンフットボールの試合で、悪質なタックルがあったという話。前東京都知事の舛添要一がツイッターで日大バッシングを批判していた（二〇一八年六月一～三日）。

《この国は、どこかおかしいのではないか》

《アメフト、日大問題がテレビのトップニュースになることを一番喜んでいるのは、安倍首相ではないか。森友・加計問題などもうテレビは取り上げない。今や世界の悪者は日大であ

り、北朝鮮でも安倍政権でもトランプでもない。新聞はまだましだが、テレビは酷すぎる。NHKまでワイドショー化している》

《日大アメフト部、その監督、コーチ、さらには理事長と、日大全体を憎しみと嫉妬と攻撃の対象とする下劣な集中攻撃を匿名のSNSが拡散する。先王殺しまで行う韓国人とあまり変わらなくなった日本人。卑劣な集中攻撃を匿名のSNSが拡散する。その間に日本は国際政治の流れに取り残され、滅亡への道を歩んでいく》

私は与野党問わずあらゆる政治家を叩いているように誤解されがちだが、都知事時代の舛添がくだらない批判を浴びていたときには全面的に擁護した。舛添は変なところもあるが、まだまともな人間。

一方、ダウンタウンの松本人志は悪質タックル問題について「結局、権力の上であぐらをかいてはいかんということを教訓として学ぶしかない。権力を得るのは悪いことじゃないから、そこの上で正座をするとか。そこが本質なんじゃないかなと思います」とコメント（『ワイドナショー』二〇一八年五月二七日）。いつも尻尾振っている安倍にも言えよ。

夏になるとネット上で散見されるのが「冷えすぎのビールはまずい」という記事。どこも書いてあることは同じで、ビールの適温は四度から六度であり、冷やしすぎると麦の成分が凝固して濁り、泡立ちが悪くなると。余計なお世話だ。こういうのを真に受けて、「ビールが冷えすぎ」と店にケチをつける半可通のオヤジを見かけると反吐が出るよね。店側にとってはビールが冷えていないことの言い訳にもなるし。冷えすぎのビールは時間が経てばぬるくなるが、冷えていないビールはどうにもならない。サントリーのウェブサイトにはビールを冷やしすぎると「おいしさが半減してしまいます」とあったが、そもそもプレミアム・モルツとか最初からおいしくないし。

安倍は自民党滋賀県連大会で「立党以来の悲願である憲法改正に取り組むときがやってきた。九条の改正についても改正案を必ずとりまとめる」と発言（二〇一八年六月二日）。自民党が立党以来唱えてきたのは自主憲法制定である。自分が所属する政党の歴史すら知らないのもアホだが、もはやこの男に何を言ってもムダなのだろう。「しっかりと九条に、日本の独立と平和を守る自衛隊を明記し、違憲論争に終止符を打とう。これこそが、今を生きる政治家の、自民党員の使命だ」とも言っていたが、自民党員は一緒にされて怒らないのか？

九条の一項、二項を残したまま自衛隊の存在を明記するなら、整合性がとれないどころか、改憲派が積み上げてきた議論をすべてドブにぶち込むことになる。

私は改憲には賛成だが、「改憲バカ」は「護憲バカ」よりタチが悪い。改憲自体が目的化しているので、国が壊れようが気にしないのだから。憲法変えればすべてよしというのは、幼稚な改革幻想、根拠のないオプティミズム。左翼は憲法を変えないと言っている限り、大きな害はない。現状維持だから。問題は憲法を変えると言っている連中の、国家観、歴史観がデタラメなことだ。一院制、道州制、首相公選制の導入、恣意的な憲法解釈……。安倍と維新の会が組んで憲法改正をやったら、日本は確実に終了する。

朝日新聞（二〇一五年五月一五日）のオピニオン&フォーラム欄に一三歳の中学生が書いた「都構想　僕も投票したいけど」という投稿記事が載った。

《今回の住民投票は、結果的に大阪に住む若い世代のこれからを分ける大きな節目である。普段の選挙では中学生の投票は難しいと思うが、今回は賛成か反対かを投票するだけだ。ちらしを読んでもピンとこなかったが、インターネットで紙芝居を交えた説明などを見て、賛否は別として、何をしたいのか僕なりに理解できた》

子供の意見なので大目に見るべきだが、この投稿記事をツイッター上のやりとりで知った大阪市長の吉村洋文がこんなツイートを（二〇一八年五月二〇日）。

《13歳の選挙権。僕はバカだから、本気でこの中学生の思いに応えたいと思うよ。次の都構想の住民投票では無理だけど、いつかホントに13歳に選挙権が与えられる時代がくればと思う。本音は0歳からの選挙権だ。0歳児も同じ日本国民。なんで差別されるんだ。その時、政治家はやっと未来に目を向けるだろう》

小泉進次郎も同じようなことを言っていたが、この手の連中は毛沢東やポル・ポト（一九二八〜九八年）でも信仰しているのだろうか？

知性や成熟を拒否した政治は必然的に地獄を生み出す。自分がバカであるという自覚はあるようなので進次郎よりはマシなのかもしれませんが、とりあえず大阪市民は次回からバカに投票するのをやめましょう。

国に迫る危機に気付かないぼんやりとした人たちがいる。平成の三〇年にわたる改革のどんちゃん騒ぎで、社会が麻痺し、目の前で何が発生しているのか理解できなくなっているのだ。

小林秀雄は言う。

《西洋の学者は、既に体を成した文明のうちにあって、他国の有様を憶測推量する事しか出来ないが、我が学者は、そのような曖昧な事ではなく、異常な過渡期に生きている御蔭で、自己がなした旧文明の経験によって、学び知った新文明を照らす事が出来る。この「実験の一事」が、福沢に言わせれば、「今の一世を過ぐれば、決して再び得べかざる」「僥倖」なのである》(「福沢諭吉」)

明治維新から一五〇年。歴史や伝統を軽視し、改革の名のもとにあらゆる制度を破壊してきたわが国は再び「過渡期」を迎えたようだが、将来を照らす「経験」を築いてきたわけでもない。

《西洋者流は時流に乗ったが、自覚を欠いていた。彼等には、福沢に言わせれば、「独立の丹心の発露」というものが見られない》(同前)

おバカなグローバリズムの時流に乗った連中は「独立の丹心の発露」を欠いていた。恥知らずな国は恥により滅びるしかない。

最後のサーカス『オリンピック』

「パンとサーカス」は、古代ローマの詩人ユウェナリス（六〇～一三〇年頃）が残した言葉である。彼の『風刺詩集』にはこうある。

《我々民衆は、投票権を失って票の売買ができなくなって以来、国政に対する関心を失って久しい。かつては政治と軍事の全てにおいて権威の源泉だった民衆は、今では一心不乱に、専ら二つのものだけを熱心に求めるようになっている――すなわちパンと見世物《サーカス》を》

権力者から無償で与えられる「パン（＝食糧）」と「サーカス（＝娯楽）」により、ローマ市民が政治的盲目に置かれていることを揶揄したわけだ。

ここでユウェナリスが「サーカス」と呼んだのは複数頭立て馬車による戦車競走のことである。これはやがて、コロッセオ等で行われた血腥い剣闘士試合やローマ喜劇などを含むようになった。

また、「パン」と呼ばれているのは小麦のことだ。施しを受けた人々は、小麦をパン屋に持っていき、焼いてもらうしかなかった。この配給制度は、共和政ローマの政治家ガイウス・グラックス（紀元前一五四〜紀元前一二一年）の改革に起源を持ち、紀元前五八年に護民官のプブリウス・クロディウス・プルケル（紀元前九二〜紀元前五二年）により初めて実施された。当初は極端な格差を解消する目的があったが、次第に支配者層の権威を見せつけるための手段へと変質していく。

それにしても、なぜこのような大盤振る舞いが可能だったのか？

地中海世界を支配したローマ帝国には、属州から搾取した莫大な富が集まってきた。そしてその一部がローマ市に住む市民に分配された。また多くの奴隷を使う大土地所有者や政治家が、市民の支持を得るために食糧を配ることもあった。これが周辺の農村部からの人口流入を促し、ローマ市は過剰な人口を抱える巨大都市になっていく。

ユウェナリスの言葉は現在の愚民政策、福祉政策を批判する文脈で引用されることが多い。すなわち、権力者から無償で与えられるパンとサーカスによりローマ市民は労働の美徳を忘れ、遊んで暮らすようになり、堕落していったが、これは現在の状況と同じではないかと。

しかし、この構図を安易に利用すると間違える。そもそも当時と今とでは社会の質が違う。現在のわが国においては、バラ撒きどころか緊縮の極みである。重税路線は古代ローマと同じだが、市民にパンが配られるどころか、ギリギリの生活をしている貧困層が自分たちのクビを絞める政権を支持していたりする。

「肉屋を支持する豚」というネット用語がある。これは、アニメやマンガの規制を推進する自民党を支持するアニメオタクを揶揄する言葉だったが、そこから、貧乏なのに新自由主義を唱える情弱のネトウヨなども含まれるようになった。

古代ローマの市民が愚民化政策により政治に無関心になったというなら、現在の大衆社会で発生している現象は真逆である。

大衆は政治に対して無関心どころか、政治に口を出したくてたまらないのである。彼らは新聞や雑誌、テレビニュースを熱心に見る。そして政治に無関心であったほうがいい人間が大きな声を上げ、しまいには政治を知らない人々が政治家になり、政権の中枢に居座るようになる。

オルテガは言う。

《近年の政治的変革は大衆の政治権力化以外の何ものでもないと考えている。かつてのデモクラシーは、かなり強度の自由主義と法に対する情熱によって緩和されたものであった。（中略）自由主義の原則と法の規範との庇護によって、少数者は活動し生きることができたのである。そこではデモクラシーと法および合法的共存は同義語であった。今日われわれは超デモクラシーの勝利に際会しているのである。今や、大衆が法を持つことなく直接的に行動し、物理的な圧力を手段として自己の希望と好みを社会に強制しているのである。今日の新しい事態を、あたかも大衆が政治にあき、政治の運営を専門家にまかせきっているのだというふうに解釈するのはまちがいである。事実はまったくその逆なのである》（『大衆の反逆』）

大衆の本質は「傍観者」

先日、一緒に食事をした神戸大学の先生が「今の学生たちは共通の経験を持っていない。誰もが見た映画や誰もが聞いた音楽というものが存在しない」と言っていた。そもそも今の若者はテレビを見ない。趣味が細分化された結果、誰もが興味を持つ「サーカス」も存在しなくなった。オウム真理教の麻原彰晃をはじめとする幹部らの大量処刑も、それほど大きな注目を集めたとは言い難い。

人間が持っている野蛮な本能を政治に利用する手法自体は大昔から変わらないが、現在わが国で定期的に行われているスケープゴートの設定と総バッシングも、あまり長続きしなくなってきている。

古代ローマの繁栄を支えたのは道路網と水道の整備である。「ローマは一日にして成らず」

「すべての道はローマに通ず」という言葉があるように、長い年月をかけて帝国の隅々にまで公道がつくられた。また、紀元前三一二年から三世紀にかけて古代ローマで建築された水道は、都市や工場地を拡大させた。古代ローマ滅亡後一〇〇〇年以上も、これに匹敵する水道はつくられることはなかった。

一方、わが国で進められていたのは「水道の民営化」を含む水道法改正だ。その目的は「水メジャー」と呼ばれる外資への命綱の売り渡しである。

たしかにユウェナリスは古代ローマの不正を鋭く風刺した。

《じっさい、いったい誰が首都の不正に耐えられるのか》

《悪徳がこんな豊かに、実った時があったか》

しかし、ユウェナリスがローマの没落を歌った後も、帝国は拡大を続け、三〇〇〇年以上にわたり権勢を維持したのだ。

一方、一九世紀半ばあたりから次々と登場した近代大衆社会論においては、将来に関する楽観的な見通しはほぼ皆無である。

ニーチェは言う。

《私の物語るのは、次の二世紀の歴史である。私は、来たるべきものを、もはや別様には来たりえないものを、すなわちニヒリズムの到来を書きしるす。この歴史はいまではすでに物語られうる。なぜなら、必然性自身がここではたらきだしているからである。この未来はすでに百の徴候のうちにあらわれており、この運命はいたるところでおのれを告示している。(中略)私たちの全ヨーロッパ文化は長いことすでに、十年また十年と加わりゆく緊張の拷問でもって、一つの破局をめざすがごとく、動いている、不安に、荒々しく、あわてふためいて。あたかもそれは、終末を意欲し、もはやおのれをかえりみず、おのれをかえりみることを怖れている奔流に似ている》(『権力への意志』)

近代は前近代に戻ることのできない構造を持つ。ニーチェが言うように、人間は蟹にはなれない。

《人は前方へと、言ってよいなら一歩一歩デカダンスにおいて前進せざるをえないのである》(『偶像の黄昏』)

近代には近代特有の病がある。

キルケゴールは、大衆の本質を「第三者」「傍観者」と規定した。水平化・平等化された近代社会においては、傑出した人間は軽視され、疎まれ、引きずり降ろされる。そこに働くのは嫉妬の原理だ。そして個人が完全に等価になった結果、価値判断の道具として多数決が導入される。そこでは頭数を揃えることだけが求められる。

《ところが今日では、だれもが意見をもつことができるのだが、しかし意見をもつためには、彼らは数をそろえなければならない。どんなばかげきったことにでも署名が二十五も集まれば、結構それでひとつの意見なのだ。ところが、このうえなくすぐれた頭脳が徹底的に考え抜いたうえで考え出した意見は、通念に反する奇論なのである》（『現代の批判』）

あらゆるトピックに対し、誰もが口を出し、一切責任をとらない。インターネットのブログや掲示板、SNS、ツイッター……。

シュペングラーは「人生の意義をなすもの」が軽視され、「多数者の幸福」「安易と快適」「パンと芝居」が重視される社会に、文明の最終段階を見いだした（『西洋の没落』）。

シュペングラーは歴史をイデオロギー（史観）ではなく、「生きているもの」「動いているもの」として読み解いた。そして咲いた花がやがては枯れるように、われわれの文明が末期に近づいていることを示した。

もちろんその背後にはゲーテの形態学・観相学、あるいはニーチェやベルグソンの仕事がある。

そのほかにも、ブルクハルト、ル・ボン、ホイジンガといった人々が、近代大衆社会がハードランディングに向かう構造を示してきた。

アレントは、彼らの予言はより恐ろしい形で現実化したと言う。

そこでは「民主主義と独裁、モッブ支配と専制の間の親近性」という古代にはよく知られていた教えが幾度となく取り上げられてきたが、「（近代大衆社会が行き着いた先は）徹底した自己喪失という全く意外なこの現象であり、自分自身の死や他人の個人的破滅に対して大衆が示したこのシニカルな、あるいは退屈しきった無関心さであり、そしてさらに、抽象的観念に対する彼らの意外な嗜好であり、何よりも軽蔑する常識と日常性から逃れるためだけに自分の人生を馬鹿げた概念の教える型にはめようとまでする彼らの情熱的な傾向であった」（『全体主義の起原』）。

古代ローマと近代社会では、権力の形態も悪の形態も違う。専制は前近代において身分的支配層が行うものだ。古代ローマは皇帝が支配する専制だったが、独裁は近代において国民の支持を受けた組織が行う。

こうした構造の変化を最も早い段階で見抜いていたのがトクヴィルだろう。

《民主的諸国民が今日その脅威にさらされている圧政の種類は、これに先行して世界に存在したなにものとも似ていない》（『アメリカのデモクラシー』）

トクヴィルは全体主義の到来を宣言した。それは多くの場合、穏やかで人々を苦しめることなく堕落させる「民主的な専制」という形をとる。

近代崩壊の先駆けは日本

このように見てくれれば、古代ローマは、今の時代よりはるかに健康だったように思える。西欧近代がなんとか古代ローマの文化水準に追いつきはじめたのは一九世紀に入ってからである。実際に古代ローマは偉大だったのだ。

その近代が西欧に先駆けて崩壊に向かったのが現在の日本だと思う。完全な近代国家など左翼の妄想の中にしか存在しない。現実世界においては、それぞれの国がそれぞれの事情に合わせて、本音と建前を使い分けて国の運営を行ってきた。しかし今の日本には建前すらない。

この事実を象徴するのが、二〇一五年七月二六日の首相補佐官・礒崎陽輔の「法的安定性は関係ない」という発言だった。

財務省は公文書を改竄、防衛省は日報を隠蔽、厚労省はデータを捏造。日本語の破壊も急激に進んだ。

国民の財産を外資に売り渡す売国奴が自称愛国者に支持され、嘘、デマ、プロパガンダが徹底的に社会に垂れ流された結果、日本はすでに世界第四位の移民大国になっている。

二〇一八年七月の後半、日本列島は連日の猛暑に襲われた。寝苦しい夜が続き、熱射病や熱中症による死者も続出。学校の教室や体育館にエアコンがついていないのはおかしいと行政の責任を追及する声も上がった。

朝日新聞は、中高生の部活中の熱中症に警鐘を鳴らす記事で「『それは無理』と感じた時、『もうダメだ』と体に異変を感じた時、仲間の様子がおかしい時、自分や仲間を守るために、声を上げましょう」と書いていた（二〇一八年七月一四日）。まったくそのとおりだが、一方、炎天下の甲子園では朝日新聞社主催の高校野球が続けられている。

スポーツ庁と文部科学省は、二〇二〇年東京五輪・パラリンピックの期間中（七月二四日～八月九日・八月二五日～九月六日）にボランティアに参加しやすいように全国の大学と高等専門学校に授業や試験期間を繰り上げるなど柔軟な対応を求める通知を出したという。

熱波で脳がやられたのはこうした連中だ。学業より「サーカス」の片棒を担げと言うなら、国の崩壊も間近と考えるしかない。

そもそも誘致のときから嘘と汚辱にまみれた東京オリンピックである。

猛暑の中で何人か選手が死ねば、それこそわが国の凋落を示す最後の「サーカス」になるかもしれない。

国の威信をかけて「テルマエ」を作れ

高知県立大学が図書館の新設に伴い、蔵書を最大約三万八〇〇〇冊焼却処分したと発表(二〇一八年八月一八日)。同大学は二〇一七年四月に永国寺キャンパスに図書館を新設。収蔵能力は旧館と同程度あったが、将来的なスペースを確保するため処分を決めたという。こうして図書約二万五〇〇〇冊、雑誌約一万三〇〇〇冊が失われた。そこには戦前の郷土関係の資料など貴重な本や絶版本も含まれていた。

約一万八七〇〇冊は複数所蔵している本だったとのことだが、なにも燃やすことはない。学長の野嶋佐由美は「(焼却前に)県民に知らせて、広く活用の道を探ることも必要だった」と謝罪したが、私がすぐに思い出したのは、アレクサンドリア図書館だ。

紀元前三〇〇年頃、プトレマイオス朝の初代ファラオ、プトレマイオス一世(紀元前三六七～紀元前二八二年)は、エジプトのアレクサンドリアに図書館を建設した。目的は世界中の文献を収集することだ。そこには人類の知に対する強烈な意志が存在した。

書物の収集のためにはあらゆる手段を使った。

アテナイの国立図書館は三大悲劇詩人アイスキュロス（紀元前五二五～紀元前四五六年）、ソポクレス（紀元前四九七年頃～紀元前四〇六年頃）、エウリピデス（紀元前四八〇年頃～紀元前四〇六年頃）の門外不出の戯曲台本を所蔵していたが、プトレマイオス三世（紀元前二八四年頃～紀元前二二二年）は担保金をかけてそれを借り出すことを認めさせ、巨額の違約金とともに写本のみを返した。また、ユダヤの聖典を入手するため、捕虜のユダヤ人を解放した。

アレクサンドリアに船が入港すると、積荷に含まれる書物はすべて没収され、図書館に所蔵する価値があるかどうか精査された。所蔵が決定すると、写本を作成して原本の代わりに持ち主に戻し、補償金が支払われた。

図書館は写字生を多数抱えており、組織的に写本をつくっていた。こうしてアレクサンドリア図書館には世界中から文学、地理学、数学、天文学、医学などあらゆる分野の書物が集まってきた。その数はパピルスの巻物で、およそ七〇万巻に上った。これが「古代最大にして最高の図書館」「最古の学術の殿堂」と呼ばれる所以である。

そこには当時のあらゆる知性が集結した。ユークリッド幾何学の祖エウクレイデス（紀元前三三〇年頃～紀元前二七五年頃）、地球の直径を計測したエラトステネス（紀元前二七五～紀元前一九四年）、天動説を唱えたプトレマイオス（八三年頃〜一六八年頃）、古代最大の科学者アルキメデス（紀元前二八七〜紀元前二一二年）……。図書館というより、もはや巨大な学術機関である。

アレクサンドリア図書館は、プトレマイオス朝が滅びた後も、ローマ帝国により保護された。

なお、古代ローマの図書館の近くには巻物状の書物を売る店があった。客が注文すると、書店主は手で巻物を複写する。ヴィーコは、写本の効能について考察した。

現在は、印刷技術の発達によって、あらゆる書物が手軽に手に入るようになった。

《しかし、あまりの豊富さと安価が、よくあるように、われわれを勤勉でなくしてしまってはいないか、またわれわれが、見栄えがする豪勢な食事を目の前にして通常の活力がでる栄養素を遠ざけるよう命じ、よく料理されてはいるが滋養になることの少ないものを大食する食客に似てしまっているのではないか、と私は恐れている》（『学問の方法』）

古代には書物は高価だった。研究者の多くは自分で写本するしかなかった。それにより知が鍛えられたとヴィーコは指摘する。

《われわれは書くもの、それもまさに攪乱されず、急がず、とぎれとぎれにならず、穏やかに、終始整然と書くものについては、それだけいっそう正しく思索するからである》（同前）

しかし、古代ローマはやがて暗黒の時代を迎える。知性を最大の敵とするキリスト教が拡大したのだ。四世紀以降、キリスト教徒はアレクサンドリア図書館に継続的に火を放ち、完全に破壊した。結局、古代の知はイスラム諸国を経由して人類に引き継がれたが、西欧は迷妄の中に落ち込んだ。

攻撃されたのは知だけではない。

人間の健康を促進するあらゆるものが攻撃の対象になった。

風呂もそうだ。

ローマから公衆浴場が消滅したのは、三一三年のコンスタンティヌス一世（二七二～三三七年）によるキリスト教公認によるところが大きい。いわゆる「ミラノ勅令」だ。

キリスト教徒はローマ式の入浴スタイルは退廃的で贅沢であると考えた。

ニーチェは言う。

《パウロは「世の智慧」を辱かしめようと意志する、彼の敵はアレクサンドリアの科学で鍛えた優れた文献学者と医師とである、——彼らにパウロは戦いをいどむ》（『反キリスト者』）

《彼らの目的、彼らの本能は、破壊のみをめざしている。この命題の証明は歴史から読みとりさえすればよい。歴史のうちにはこの証明がすさまじい明瞭さでふくまれているからである。（中略）キリスト者はローマ帝国の吸血鬼であった、——時間のかかる偉大な文化が産まれるための地盤を獲得すべきローマ人の巨大な業績を、一夜のうちに無に帰してしまった》

（同前）

「医学の父」「疫学の祖」と呼ばれる古代ギリシャの医者ヒポクラテス（紀元前四六〇年頃〜紀元前三七〇年頃）は、温泉の効能に気付いていた。東方との接触により、入浴の習慣を身に付けた古代ローマ人も清潔を重視した。一方、キリスト教徒は不潔さが聖人の要件であると考えた。異教徒と同じ浴槽に入ることも考えられなかった。教会は徹底的に圧力をかけた。西欧ではそれ以降、千数百年にわたり、公衆浴場が姿を消した。

しかし、コンスタンティヌス一世は、実は風呂好きだったという。彼はローマ、フランスのアルル、ドイツのトリーアなどにテルマエを建設している。なんだかよくわからない。

歴代皇帝はテルマエを作った

先日、『テルマエ・ロマエ』というコメディ映画を見て、面白かったので続編の『テルマエ・ロマエⅡ』も見た。

阿部寛演じる古代ローマの浴場設計技師ルシウス・モデストゥス（架空の人物）は、ローマの公衆浴場から二一世紀の日本の銭湯に突然タイムスリップしてしまう。以後、古代ローマと現代日本の浴場を何度も往復し、浴場の設備や工夫を目の当たりにすることになる。

一方、漫画家志望の山越真実は、ルシウスが現代日本に出現するたびに接触することになり、彼に興味を持つ。モデルは、原作者で『新潮45』で漫画『プリニウス』を連載していたヤマザキマリさんだろう。

古代ローマに新しい浴場をつくり名声を高めたルシウスは、第一四代ローマ皇帝ハドリアヌス（七六〜一三八年）のお抱えの浴場設計技師となる。大雑把にはこうした設定だ。

主人公のルシウスは現代日本の浴場のすぐれたところを、古代ローマのテルマエに反映させていくが、逆にいえば、現在の技術の多くが古代ローマで実現していたことになる。

なお、「テルマエ」とは、古代ローマの大型公衆浴場のことだ。

初めてテルマエをつくったのは、ローマ帝国初代皇帝アウグストゥス（紀元前六三〜一四年）の腹心だったアグリッパ（紀元前六三〜紀元前一二年）である。

アグリッパは、創設されたローマの水道長官を務め、水の管理を行った。アグリッパ浴場は、当初は冷水プールと熱気風呂だけだったが、紀元前一九年に日送水量約一〇万立方メートル、延長二一キロメートルのヴィルゴ水道を完成させ、完全なテルマエとなった。浴場内はタイルで装飾され、芸術作品が飾られた。外にはリュシッポス（紀元前三九〇年頃〜未詳）のアポクシュオメノス像があった。

さらにアグリッパは一年間、入浴と散髪を老若男女すべて無料とした。

その後は、歴代の皇帝が競うようにしてテルマエをつくっていく。

ローマ帝国第二二代皇帝カラカラ（一八八～二一七年）が二一六年につくったカラカラ浴場には、地下で石炭を燃焼させるシステムが備えられており、二〇〇〇人以上が同時に入浴できたという。

テルマエは単なる入浴施設ではなく、総合的なレジャー施設になっていく。官営病院を持たない古代ローマの感染予防施設としての役割も果たした。

古代ローマ人にとって公衆浴場は社交の場だった。

入場料は安く、貧富の差を問わず誰でも利用できた。兵士と子供は無料で、奴隷も客として利用した。有能な奴隷はそこそこカネを持っていたのである。イギリスで奴隷制が廃止されたのは一八三三年、フランスは一八四八年、アメリカは一八六三年だが、古代の奴隷のほうがはるかに自由だった。

古代ローマの多くの都市に少なくとも一つの公衆浴場があり、市民は毎日のようにテルマエに通い、一日をそこで過ごすこともあった。

床は熱いのでサンダルを履いた。風呂に入る前にはジムやプール、運動場で汗を流した。テルマエにはあらゆるものが備わっていた。熱気風呂（現在のサウナ）や垢すり、マッサージができる場所。酒を飲んだり食事ができる場所。読書や議論ができる場所。売春の温床でもあった。

裕福なローマ人や執政官になりたい元老院議員は、ローマ市民の歓心を買うために、公衆浴場を一日貸切にして無料で公開したという。

日本は古代ローマに劣る

こうした巨大な施設を支えたのは、古代ローマの圧倒的な土木技術だった。建築技術もボイラーシステムも一九世紀になるまで乗り越えられることはなかった。

古代ローマでは、都市や工場地に水を供給するために、数多くの水道が建設された。ローマには一一本の水道で一日当たり約一〇〇万立方メートルもの綺麗な水が運ばれた。その一人あたりの水量は現在の東京都民よりはるかに多い。ローマ市民は街路につくられた公共用の蛇口から、家庭で使う水をバケツに汲んで持ち帰った。

地下水道は、泉やダムの清浄な水を陽にも雨にも晒さず運ぶことができた。また動物の死骸などによる水質の劣化も避けることができた。

土地の傾斜を綿密に計算することで、効率性を高めた。水道橋や水道管をうまくつなぎ、中央の貯水池に水をたくわえてから各所に供給した。水道が窪地を通るときには、サイフォンと呼ばれるパイプの圧力を利用して水を上昇させた。便所も水洗で、大型の下水道があった。

古代ローマ滅亡後、こうした水準の水道が建設されるのは一九世紀後半になってからであり、ヴィルゴ水道などは今でも使われている。

公衆浴場には専用の配管がなされた。三世紀末のローマには無料の公衆浴場が一一カ所あり、個人の浴場は八〇〇以上に上ったというが、これが可能だったのもローマ水道のおかげである。

ローマ帝国の滅亡後、ローマ水道は破壊され、メンテナンス不足により水の供給量は減っていく。同時に、一〇〇万以上を誇ったローマの人口は激減していった。

先日亡くなった漫画家のさくらももこ（一九六五〜二〇一八年）は、健康ランドによく通っていた。私もさくらに啓発されて、忙しいときには温泉や健康ランドで仕事をするようになった。昼寝もできるし、食事や酒、すべてが完結しているからだ。しかし、都心には満足のいく温泉や健康ランドがない。奥多摩あたりまで行けば、アルカリ性のいい温泉はあるが……。

歌舞伎町のはずれにある「テルマー湯」は、中伊豆の温泉を運んできているのでまあまあいい。水道橋の「ラクーア」は琥珀色をしたナトリウム塩化物強塩温泉なので私は苦手だが、ぬるめの炭酸泉があるのでたまに使っている。船堀の「まねきの湯」は、宴会場だけでなく風呂場にまでテレビがあるのでうるさい。

健康ランドの最大の弱点は食事だと思う。競争原理が働かないので基本的においしくない。

そこで提案。

過去の無用な遺物であるオリンピックにカネを使うくらいなら、国の威信をかけて青梅あたりに超巨大なテルマエをつくってほしい。そこに学術機関、医療機関、半年以上逗留できるような宿泊施設、レベルの高い飲食施設を集結させる。

こうしたアグリッパやカラカラのような偉業を成し遂げる政治家は現代にはいないのだろう。それどころか、国民のライフラインである水道事業を民営化するという話が政権中枢から飛び出した。西暦二〇一八年の日本は、精神面においても古代ローマに遥かに遅れを取っている。

おわりに

『新潮45』廃刊を巡る騒動の中、その原因をつくった文芸評論家を自称する小太りの男（五一歳）の正体が次々と明らかになり、瞬く間に表舞台から消えていった。彼と一緒に「活動」していた安倍応援団の仲間たちは、我先にと逃走。ゴキブリは逃げ足が速い。問題は、こうした連中に小遣いを与えている勢力だろう。

日本社会の病の根はつながっている。

「時代への警告」シリーズ第四弾にあたる本書では、主に出版業界のモラルの低下をとり上げた。

また、ジャーナリストの菅野完氏との対談では、「安倍化する日本、橋下化する社会」と題して、現在の日本の末期症状を描写した。

最後に安倍晋三にひとこと言っておきたい。

もう、いいよ。

なお、本文中の肩書は当時のものです。敬称は一部を除き省略させていただきました。

適菜 収

初出一覧

第一章　『新潮45』廃刊をめぐる考察　「BEST TIMES」二〇一八年一〇月二日
第二章　菅野完×適菜収　緊急対談　安倍化する日本、橋下化する社会　書き下ろし
第三章　没落する時代に読むべき本　『ZAITEN』二〇一八年四月号～一一月号
第四章　もう、きみには頼まない　『新潮45』二〇一八年一月号～四月号
第五章　粗にして野だが卑でしかない　『新潮45』二〇一八年五月号～七月号

帯写真◉時事通信フォト

著者略歴

適菜 収（てきな・おさむ）

1975年山梨県生まれ。作家。ニーチェの代表作『アンチ・クリスト』を現代語訳にした『キリスト教は邪教です！』、『ゲーテの警告 日本を滅ぼす「B層」の正体』、『ニーチェの警鐘 日本を蝕む「B層」の害毒』、『ミシマの警告 保守を偽装するB層の害毒』（以上、講談社+α新書）、『日本をダメにしたB層の研究』（講談社+α文庫）、『日本を救うC層の研究』、呉智英との共著『愚民文明の暴走』（以上、講談社）、『なぜ世界は不幸になったのか』（角川春樹事務所）、『平成を愚民の時代にした30人のバカ』（宝島社）、『死ぬ前に後悔しない読書術』、『安倍でもわかる政治思想入門』、『安倍でもわかる保守思想入門』、『安倍政権とは何だったのか』、『おい、小池！ 女ファシストの正体』、『問題は右でも左でもなく下である』（以上、KKベストセラーズ）。近著に『小林秀雄の警告 近代はなぜ暴走したのか？』（講談社＋α新書）など著書多数。

もう、きみには頼《たの》まない

安倍晋三《あべしんぞう》への退場勧告《たいじょうかんこく》　時代《じだい》への警告《けいこく》

2018年11月10日　初版第1刷発行

著者　適菜《てきな》 収《おさむ》

発行者　塚原浩和

発行所　KKベストセラーズ
〒171-0021 東京都豊島区西池袋5-26-19
陸王西池袋ビル4階
電話 03-5926-5711（代表）
http://www.kk-bestsellers.com/

印刷所　錦明印刷

製本所　積信堂

DTP　三協美術

装丁　フロッグキングスタジオ

ISBN 978-4-584-13891-5 C0031